Wachsen – Reifen – Ernten – Säen

Hanns Sauter

# Wachsen – Reifen – Ernten – Säen

Werkbuch für Seniorengruppen

Schwabenverlag

**VERLAGSGRUPPE PATMOS**

**PATMOS**
**ESCHBACH**
**GRÜNEWALD**
**THORBECKE**
**SCHWABEN**
**VER SACRUM**

Die Verlagsgruppe
mit Sinn für das Leben

Für die Schwabenverlag AG ist Nachhaltigkeit ein wichtiger Maßstab ihres Handelns. Wir achten daher auf den Einsatz umweltschonender Ressourcen und Materialien.

Umschlaggestaltung: Finken & Bumiller, Stuttgart
Umschlagabbildung: kram9/Shutterstock.com
Gestaltung, Satz und Repro: Schwabenverlag AG, Ostfildern
Druck: CPI books GmbH, Leck
Hergestellt in Deutschland
ISBN 978-3-7966-1781-2

# Inhalt

# II Reifen

# III Ernten

# IV Säen

# V Anhang
## Nützliches für Verantwortliche in der Seniorenpastoral

# Vorwort

Liebe Kollegin, lieber Kollege in der Seniorenpastoral,

Wachsen – Reifen – Ernten – Säen: Für ein Werkbuch, das sich an Leiter*innen von Seniorengruppen richtet, mag dieser Titel keine große Überraschung sein. Es ist auch keine Entdeckung von mir, dass zwischen dem Ablauf des Jahres und der Folge der Jahreszeiten Parallelen zum Leben gezogen werden können. Immer wieder gibt es gerade für die Seniorenarbeit Unterlagen, die entlang der Jahreszeiten Modelle und Anregungen für Seniorengruppen anbieten. Was ist nun das doch »etwas andere« an diesem Buch? Es ist gegliedert nach den Jahreszeiten; den Modellen und Anregungen ist aber ein Text vorangestellt, der für diese Zeit aus der Perspektive des Älterwerdens Gedanken enthält, die dazu wohl jeden älter werdenden Menschen bewegen. Sie wollen anregen, jeder Jahreszeit – jeder Lebensphase – mit ihrem eigenen Sinn auf die Spur zu kommen und sich – davon ausgehend – Gedanken über die Gegenwart und die Zukunft zu machen. Die Themen, die hier angesprochen sind, begegnen immer wieder: im Seniorenkreis, in der Familienrunde, im Pfarrcafé, bei Besuchen, in dem Tageszentrum, bei Gottesdiensten. Nicht alle Vorschläge, die ich Ihnen zu den Jahreszeiten anbiete, sind ausgearbeitet. Teils sind sie als Bausteine, teils als Ideen formuliert und Sie sollten – Sie halten ja ein Werkbuch in der Hand – das Buch so verwenden, wie Sie es für Ihre Zwecke brauchen: als Ideengeber und Fundgrube für kleinere und größere Gruppen, für Gruppen, die sich selbst organisieren, aber auch für Einzelinitiativen von interessierten und engagierten Senioren*innen. Es ist auch nicht notwendig, dass Sie alle Ideen oder Modelle selbst umsetzen oder moderieren. Das können durchaus auch andere übernehmen. Beim Gestalten von Gottesdiensten, für die hier immer wieder einmal Bausteine zusammengestellt sind, ist es gut, Liturgieverantwortliche einzubeziehen.

Damit komme ich zu einem weiteren Anliegen des Buches. Im Einleitungskapitel spreche ich am Beispiel des Seniorenklubs überall zu spürende Veränderungen in der Seniorenpastoral an, die vielfache, gesellschaftlich bedingte Gründe haben. Viele Mitarbeiter*innen sind davon irritiert, andere auf der Suche nach neuen Möglichkeiten. Differenzierter gewordene Seniorengenerationen haben unterschiedliche Interessen und brauchen daher auch differenzierte Angebote. Die Bandbreite beginnt bei jenen, die sich als Jungpensionisten zu einer Radwallfahrt aufmachen, und geht bis hin zu denen, die von engagierten Mitmenschen in stationären Einrichtungen betreut werden. So gesehen, soll das Buch auch eine Ermutigung sein, neben dem Bewährten auch neue Wege zu suchen. Im Schlusskapitel gehe ich auf diese Veränderungen unter einem etwas anderen Aspekt nochmals ein. Hier geht es zwar in erster Linie um Gruppenarbeit mit Senior*innen, nicht um ein allgemeines Werk zur Seniorenpastoral. Ein Teilgebiet kann jedoch nicht richtig verstanden werden, ohne einen Blick auf die Gesamtsituation zu werfen. Vieles aber ist da im Fluss und kann nicht genau voneinander abgegrenzt werden. Richtet sich das Buch in erster Linie an die Mitarbeiter*innen in Pfarreien, habe ich doch versucht, jene, die in Tageszentren, Heimen oder in der persönlichen Begleitung älterer Menschen tätig sind, nicht aus dem Blick zu verlieren. Sie werden sicher auch für ihren Bereich nützliche Anregungen finden.

Sie alle, liebe Kolleginnen und Kollegen, sind ein Segen für so viele Menschen, die nach Segen ausschauen! Vergelt's Ihnen Gott

wünscht

Ihr
*Hanns Sauter*

# Einleitung
## Über ein Flaggschiff und was aus ihm werden kann

60 Jahre Seniorenklub von ..., die »Herbstzeitlosen« feiern 40-jähriges Jubiläum ... In den Pfarreien häufen sich solche Jubiläen, haben aber auch etwas Eigenes. Einerseits gehört der Seniorenkreis zu den längsten Angeboten. Andererseits ist die Feierstimmung nicht so ganz ungetrübt, denn bald zeigt sich, dass damals »ganz andere Zeiten« waren. Da konnten die Verantwortlichen viel, viel mehr Besucherinnen als heute begrüßen! Der Seniorenklub war ein Erfolgsmodell, die Besuchsdienste funktionierten, der Besuch des Herrn Pfarrers – oder zumindest einer Vertretung der Pfarrei – zum Geburtstag war für die Besuchten eine Ehre. Sie waren dankbar und freuten sich über die Aufmerksamkeit, die ihnen »noch« geschenkt wurde. Die persönliche Note war schon immer ein Kennzeichen der pfarrlichen »Sorge um die Senioren«. Ein weiteres Kennzeichen der kirchlichen Altenarbeit, ja geradezu ihr Flaggschiff, war das regelmäßige Angebot des Seniorenklubs oder Seniorenkreises. Er prägte sie so sehr, dass »Seniorenklub« und »Alten- bzw. Seniorenpastoral« in der Vorstellung Vieler bis heute deckungsgleich sind. Der Erfolg erklärt sich zumindest teilweise damit, dass »die Alten« und ihre Bedürfnisse mit den Vorstellungen derer, die sich »um die Alten sorgten«, weitgehend deckungsgleich waren. Ob dies wirklich so zutreffend war oder nur für jene Senior*innen, die der Kirche nahestanden, galt, ist allerdings eine andere Frage.

### Spiegel unserer Zeit

Inzwischen leben wir in einer »Gesellschaft des langen Lebens«. Die Lebenserwartung steigt, und damit auch die Zahl der älteren Menschen. Dabei zeigt sich unübersehbar, dass es »die Alten« nicht gibt. Waren sie schon vor Jahrzehnten keine so einheitliche Bevölkerungsgruppe, wie oft geglaubt wird, sind sie es heutzutage erst recht nicht. Hinter der Bezeichnung »Senioren« verbergen sich zwei, drei Generationen von

Menschen – alle mit unterschiedlicher Vergangenheit, anderen Lebens-
läufen und Lebensweisen. Dass dies so ist, ist zwar Allgemeingut, in der
Praxis der Pfarreien aber oft noch immer nicht wirklich angekommen.
Dort geschieht manches, was zwar gut gemeint ist, am Lebensgefühl der
Menschen von heute aber vorbeigeht. So wird man auf die Frage nach
Angeboten, die sich an ältere Menschen richten, schnell die Antwort
erhalten, für die Senioren – und damit sind alle jenseits der Sechzig gemeint – gibt es den Seniorenklub. Dieser wird leider schon lange nicht
mehr so gut besucht wie früher, doch es gibt ihn noch. Das ist zwar im
Blick auf die große Zahl der Senioren in der Pfarrei bedauerlich, offensichtlich aber nicht zu ändern. Nach einigem Überlegen wird häufig
noch genannt: eine Gruppe »Tanzen ab der Lebensmitte« oder die Einladung zum Geburtstagskaffee für alle ab 65. Und im Übrigen gibt es zwar
viele ältere Menschen, aber sie rechnen sich halt alle nicht zu den Alten.

Hierzu ist anzumerken, dass sich die Vielfalt unserer Zeit auch in der
Vielfalt älterer Menschen spiegelt. Ihre Lebensmodelle, ihre Verbundenheit mit der Kirche und ihr Zugang zum Glauben sind unterschiedlicher geworden, ganz abgesehen davon, dass es wirklich eine Frage der
Einstellung ist, ab wann und bei welcher Gelegenheit man sich »alt«
fühlt. Was aber im Allgemeinen zutrifft, hinterlässt auch Spuren in den
Pfarreien. Wenn die Zahl der Pfarrangehörigen allgemein sinkt, dann
sinkt auch die Zahl der älteren unter ihnen. Für das Pfarrleben im engeren Sinn gilt, dass sicher die Mehrheit der Gottesdienstteilnehmer*innen
schon lange treue Pfarrangehörige sind. Viele davon haben sich aber
schon vor langen Jahren in anderen Gruppen wie Familienrunden, dem
Männer- oder Frauenkreis zusammengeschlossen. Diese Gruppen wollen – verständlicherweise – bestehen bleiben. Jene Menschen, die sich
nie einer Gruppe anschließen wollten, werden vermutlich auch als
Senior*innen kein Interesse am Seniorenkreis haben. Oder nur dann,
wenn es um ein Thema geht, das für sie interessant ist. Zudem ist die
Gruppe der Senior*innen heute bei Weitem nicht mehr so homogen.

Man kann nicht mehr – wie es früher möglich war – ein Angebot für alle machen. Das wäre vergleichsweise so, als wollte man eine gemeinsame Gruppe für alle Kinder im Alter zwischen drei und vierzehn Jahren einrichten oder eine Gruppe für alle jungen Menschen im Alter von vierzehn bis zwanzig Jahren. Was aber im Blick auf Kinder und Jugendliche undenkbar ist, soll auf Menschen zwischen dem sechzigsten und dem neunzigsten Lebensjahr, von denen jeder einen ganz unterschiedlichen Lebensweg gegangen ist, zutreffen? Dass die Senioren-Wirklichkeit anders ist, zeigt folgender Text, der bei einer Fortbildung für Mitarbeiter*innen der Seniorenpastoral in Wien entstand:

»Senioren: Sie sind sowohl 50 oder 90 Jahre alt, eine Frau oder ein Mann; sie sind passionierte Autofahrer oder sitzen im Rollstuhl. Sie sind auf Trekkingtouren in Nepal oder werden im Tageszentrum betreut. Sie gehören zu den regelmäßigen Teilnehmer*innen der Werktagsmesse oder waren erstmals bei der Hochzeit der Großnichte wieder in einer Kirche. Sie sind ständig unterwegs oder sitzen oft einsam und alleine zu Hause. Sie haben eine hohe Pension oder leben von der Mindestrente. Sie wohnen im Familienverband oder in einem Single-Haushalt. Sie tragen Jeans oder Kleiderschürze. Sie sind für ihre Enkel immer da oder werden von ihnen im Heim besucht. Sie sitzen in einem Aufsichtsrat oder im Lehnstuhl am Fenster.«
Sie … (schreiben Sie, liebe Leserin, lieber Leser, an dieser Aufzählung weiter!)

## Das Flaggschiff wird wendiger

Dass im Bereich der pfarrlichen Seniorenarbeit vieles in Bewegung gekommen ist, zeigt sich deutlich an ihrem bisherigen Flaggschiff, dem Seniorennachmittag – auch Seniorenkreis oder Seniorenklub genannt. Es entstand in der Zeit um 1960 und entwickelte sich in den darauf folgenden Jahren und Jahrzehnten zum Erfolgsmodell. Warum? Damals standen alte Menschen, vor allem ältere Frauen, in vielerlei Hinsicht eher am Rande der Gesellschaft. Sie waren finanziell wesentlich schlechter gestellt als heute. Für sie gab es kaum Möglichkeiten, sich zu organisieren, Freizeit zu gestalten oder Bildungsangebote – schon gar nicht im späteren Sinne von Bildungsarbeit. In kultureller Hinsicht und auch anderweitig bestand ein großes Stadt-Land-Gefälle. Zudem war die Mobilität – wie viele Frauen besaßen schon einen Führerschein? – im ländlichen, aber auch im städtischen Bereich bei Weitem nicht so groß wie heute. Das Fernsehen steckte noch in den Kinderschuhen, eine Unterhaltungsbranche wie heute gab es nicht. Zudem waren die Menschen damals kirchlich gebundener als heute. Da schloss der »Altennachmittag«, zu dem die Pfarreien einluden, zumindest für eine bestimmte Gruppe von Menschen, die auch zahlenmäßig gar nicht so klein war, eine Lücke. Seine Gestaltung traf offensichtlich die bestehenden Bedürfnisse so, dass sie lange nicht in Frage gestellt zu werden brauchte: zu Beginn ein Gebet, ein Vortrag, das eine oder andere Lied, ein paar Bewegungsspiele, die Gratulation an die »Geburtstagskinder« und zum Abschluss Kaffee und Kuchen. Einige Zeit später gesellten sich um dieses Flaggschiff herum weitere Schiffe, Angebote, die unterschiedlichen Interessen entgegenkamen: Gymnastik und Singen, Gedächtnistraining und Seniorentanz, Sprachkurse und die Bastelgruppe. Letztere erfreute sich eines besonderen Ansehens, da dort Dinge hergestellt wurden, die man für andere pfarrliche Belange oder für einen »guten Zweck« verkaufen konnte. Nochmals stießen weitere Schiffe zu dieser Flotte, z.B. Biografiearbeit und Geschichtswerkstatt, andere traten dafür in den Hintergrund. Warum aber hat das bisherige Flaggschiff der Seniorenpastoral, der Seniorenkreis, seinen Höhepunkt überschritten? Zu einer Zeit, in der es vieles, was heute selbstverständlich ist, nicht gab, sollte der Seniorenklub eine Abwechslung im täglichen Einerlei »unserer lieben Alten« sein und ihnen die Möglichkeit bieten, über ihren engeren Lebensbereich hinaus einen Blick auf die Welt zu werfen. Besonders beliebt waren dazu Diavorträge und Reiseberichte. Heute nun gibt es das Kabelfernsehen mit seiner unüberschaubaren Zahl von Programmen und Sendungen zu allen Wissenssparten sowie zahlreiche Unterhaltungssendungen, das Internet bietet viele bisher nicht vorhandene Möglichkeiten der Kommunikation. Zu den Seniorenangeboten der Pfarreien kommen jene der Kommunen oder anderer Seniorenorganisationen und ein vielfältiges Angebot von Vereinen, Reisebüros, Bildungseinrichtungen und Kulturorganisationen. Auch die Mobilität der Senior*innen ist gestiegen, nicht nur, weil es heute mehr ältere Führerscheinbesitzer*innen gibt als damals. Gesetzlich festgelegte Maßnahmen, nach denen Straßen, Gebäude und öffentliche Verkehrsmittel möglichst barrierefrei zu gestalten sind, verbesserte Hilfsmittel sowie eine medizinische Versorgung auf hohem technischen Stand ermöglicht auch älteren Menschen, die bislang kaum ihre vier Wände verlassen konnten, Teilhabe am gesellschaftlichen Leben. Nicht zuletzt haben sich auch familiäre Verpflichtungen und gesellschaftliche Beziehungen gewandelt.

## Gemeinschaft gefragt

Fragen Sie Frau X oder Herrn Y, warum sie ihrem Seniorenkreis treu bleiben, antworten diese höchstwahrscheinlich: »Wegen der Leute. Wir sind eine so nette Gemeinschaft, und wir erfahren immer etwas Neues«. Auch die Verantwortlichen der Seniorenarbeit in den Pfarreien betonen gern: »In unserer Gruppe herrscht ein großes Zusammengehörigkeitsgefühl. Alle kommen gerne, und wenn jemand fehlt, dann wird er vermisst. Man holt sich gegenseitig ab, hält auch sonst Kontakt, gehört halt einfach zusammen, ganz wie es in der Kirche so sein soll. Wir sind ja eine Gruppe der Pfarrei, nicht von irgendwem.« Dazuzugehören ist die Motivation, in den Seniorenkreis zu kommen. Das wöchentliche oder monatliche Treffen bedeutet Gemeinschaft, Austausch, Geborgenheit, Angenommen-Werden. Es geht also nicht mehr darum, »den lieben Alten« in einer größeren oder kleineren Gruppe einen unterhaltsamen Nachmittag zu bieten. Was stattdessen gesucht ist, ist ein Ort, an dem man ernst genommen wird, eine Gelegenheit findet, den Alltag zu besprechen, Lebens- und Glaubenserfahrungen zu teilen, aneinander Anteil zu nehmen oder zu geben. Hier kann jede, kann jeder etwas beitragen: eine Meinung, eine Programm-Idee, eine Erfahrung, ein gutes Wort, auch sein bloßes Dasein. Dazu braucht es aber eine Atmosphäre, die spüren lässt, nicht alleine zu sein, in der Vertrauen herrscht und das Interesse, aufeinander einzugehen und voneinander zu lernen. Es ist die Atmosphäre, die nur in einer kleineren Gruppe entstehen kann. Heutzutage werden offensichtlich die Räume, in denen dies möglich ist, seltener. Solche bereitzuhalten, gehört aber zum Proprium einer christlichen Gemeinde. Was der hl. Augustinus einmal über Freunde und Freundschaft formuliert hat, trifft auf Seniorengruppen voll und ganz zu. Er schreibt: »Miteinander reden und lachen, sich gegenseitig Gefälligkeiten erweisen, zusammen schöne Bücher lesen, sich necken, dabei aber auch einander Achtung erweisen, mitunter sich auch streiten – ohne Hass, wie man es auch mit sich tut, manchmal auch in den Meinungen auseinander gehen und damit die Eintracht würzen, einander belehren und voneinander lernen, die Abwesenden schmerzlich vermissen und die Ankommenden freudig begrüßen – lauter Zeichen der Liebe und Gegenliebe, die aus dem Herzen kommen, sich äußern in Miene, Wort und tausend freundlichen Gesten, und wie Zündstoff den Geist in Gemeinsamkeit entflammen, sodass aus Vielheit Einheit wird. (Aug., Conf. 4,8,13)

### Veränderungen gibt es nicht nur beim Seniorenkreis

Im Blick auf den Seniorennachmittag, den Seniorenkreis oder Seniorenklub hat sich in den vergangenen 50 Jahren viel geändert. Dies zeigt bereits der Teilnehmerkreis. Bis in die Gegenwart bestand dieser – als eine Folge der Nachkriegszeit – so gut wie ausschließlich aus alleinstehenden Frauen. Heute finden wir dort auch Ehepaare. Da und dort gibt es inzwischen Angebote für alleinstehende ältere Männer. Neu für die Seniorenpastoral ist auch das Thema Großeltern. Die Sorge um Demenzkranke und ihre Bezugspersonen rückt mehr und mehr in den Blick der

Pfarrgemeinden. Auch im Bereich der mobilen Betreuung und Pflege zeigen sich Veränderungen. Eine Vielzahl unterschiedlicher Anbieter – Vereine, Private, von öffentlichen oder kirchlichen Einrichtungen – hat hier längst die pfarrlichen Krankenschwestern-Stationen abgelöst. Hier stellt sich die Frage, was denn neben den medizinisch-pflegerischen Gesichtspunkten zu einer Betreuung noch dazugehören sollte und was dabei seelsorgerliche Aufgabe ist, um die sich Pfarreien kümmern müssten! Das klassische, von Ordensschwestern geführte Altersheim gibt es kaum mehr, auch nicht den klassischen Hausgeistlichen. »Altersheime« – längst werden sie nicht mehr so genannt: Die heutigen Einrichtungen haben mit denen von früher kaum etwas gemeinsam. In vielen Orten, auch in kleineren Gemeinden, werden Häuser für Senior*innen gebaut, die eine Vielfalt des Wohnens – angefangen vom Betreuten Wohnen bis hin zur Station für Demenzkranke ermöglichen. Pfarreien, die sich mit der Seelsorge in solchen Einrichtungen bisher nicht befassen mussten, wachsen dadurch neue Aufgaben zu. Nichtkirchliche Träger schätzen durchaus eine Zusammenarbeit mit der Pfarrei, im Sinne eines zusätzlichen Services einer ganzheitlichen und bedürfnisgerechten Betreuung ihrer Bewohner*innen. Eine Zusammenarbeit zwischen der Pfarrei und der betreffenden Institution darf nicht dem Zufall überlassen bleiben, sondern muss klar vereinbart, gut koordiniert, regelmäßig reflektiert und durch qualifizierte Mitarbeiter*innen geschehen. Sie kann auch weit über das Angebot von Gottesdiensten hinausgehen: regelmäßige Besuchsdienste, Literatur- und Vorleseangebote durch Mitarbeiter*innen der öffentlichen Bibliothek der Pfarrei, Erzählcafés, Glaubens- und Bibelgespräche, gemeinsames Gestalten von Festen sind nur einige Möglichkeiten. Nicht nur in der Krankenhausseelsorge, sondern auch in der Seelsorge in Senioreneinrichtungen sollte ökumenisches Miteinander inzwischen selbstverständlich sein!

## Neue Zeit braucht neue Schläuche

Die in diesem Buch vorgeschlagenen Modelle, Themen oder Ideen gehen mehrheitlich davon aus, dass aus den bisher zahlenmäßig großen Klubs überschaubare Gruppen geworden sind und/oder dass es in den Pfarreien kleinere Gruppen gibt, die sich zum Beispiel einst als Familienrunden oder Mütterrunden gebildet haben, nun miteinander älter geworden sind und weiterhin als Gruppe zusammenbleiben. Sie berücksichtigen auch die Möglichkeit, dass jemand nur dann dazu kommt, wenn er Interesse an einem bestimmten Thema hat. Dabei gehen sie davon aus, dass es möglich ist, die Treffen weitgehend mit den vorhandenen Mitteln zu gestalten. Zu vielen Themen braucht es keine Referenten*in; diese sind ohnehin selbst für größere Gruppen gar nicht so leicht zu finden.

Die hier vorgestellten Vorschläge wollen Beispiele sein, wie an Erlebtem angeknüpft und Erfahrungen geteilt werden können. Die Inhalte ergeben sich aus dem Alltag, aus dem Ablauf der Jahreszeiten und des Kirchenjahres sowie aus den aktuellen Ereignissen, über die im persönlichen, pfarrlichen, kirchlich-religiösen oder gesellschaftlichen Leben gerade gesprochen wird. Natürlich wird es in einer Gruppe, die anderes gewohnt ist, zunächst Bedenken und auch Widerstände geben. Denen, die alles beim Alten lassen möchten, ist entgegenzuhalten, dass es nicht darum geht, Früheres schlechtzumachen, sondern darum, auf neue Gegebenheiten zu reagieren, um gerade das zu erhalten, was alle möchten: dass der Seniorenkreis bestehen bleibt und neue Leute dazukommen. Doch um neue Leute anzusprechen, muss eben einiges andere mitüberlegt werden. Niemand denkt daran, Liebgewordenes aufzugeben, doch sollen die Treffen in Zukunft eine Form erhalten, bei der sich alle Bisherigen wohlfühlen, die aber auch für Neue interessant ist. Am besten gelingt dies durch ein schrittweises Vorgehen.

Zunächst reflektiert das Team den Ablauf eines Nachmittages, wie er derzeit praktiziert wird, und bespricht das Ergebnis mit der ganzen Gruppe. Daraus ergeben sich die weiteren Schritte: Wie ist es um die Rahmenbedingungen bestellt? Sind die Treffen wirklich noch zu einem

Zeitpunkt angesetzt, der für alle günstig ist? Sind die Räumlichkeiten – auch im Blick auf neue Interessenten – gut erreichbar, ansprechend und zweckmäßig eingerichtet? Mit welchen Ressourcen können wir rechnen? Was ist das Ziel unserer Treffen? Wo finden wir sowohl Interessent*innen als auch Mitarbeiter*innen? Was können und dürfen wir von ihnen erwarten, was nicht? Was können wir kurzfristig neu gestalten? Wozu brauchen wir mehr Zeit? Wo können oder sollten wir uns Anregungen und Hilfen von außen holen?

Ein Charakteristikum kirchlicher Seniorengruppen ist – wie schon gesagt – die persönliche Note. So könnte am Anfang die Überlegung stehen, wie denn jeder einzelne Teil eines Nachmittages – beginnend mit der Begrüßung der Ankommenden bis hin zum Verabschieden – so gestaltet werden kann, dass er die Gemeinschaft noch mehr fördert. Das ganze Treffen soll zu einer Synthese von Austausch, Begegnung und Wissensvermittlung werden, die der Gruppe entspricht – und das alles in gemütlicher Atmosphäre. Ohne Organisation und Aufgabenverteilung geht das nicht. Es braucht jemanden, der das Team leitet und der die Gruppe zusammenhält. Daneben gibt es zahlreiche Dinge, die ebenfalls getan werden müssen. Im Idealfall übernimmt jeder, was ihm entspricht. Wer übernimmt die Küche? Wer kann gut auf die Eintreffenden zugehen? Wer ist mit der erforderlichen Technik vertraut? Wer übernimmt die Werbung, den Kontakt zu anderen Gruppen, zu den Medien? Eine Ankündigung ist wichtig, aber auch ein Bericht darüber sowie das Einholen von Rückmeldungen!

Als überschaubarere Gruppe ergeben sich neue Möglichkeiten der inhaltlichen Gestaltung. Die Jahresplanung geschieht miteinander. Was interessiert? Was bietet sich an? Liegt der Akzent auf Austausch und Gespräch, kann sicher jemand aus dem eigenen Kreis oder Umfeld einen Input übernehmen: durch eigene Worte, durch das Vorstellen einer Passage aus einem Artikel oder Buch, durch einen Videoclip oder Filmausschnitt. In einer kleineren Gruppe ist es möglich, mehr in die Tiefe zu gehen, und mancher, der bisher eher zurückhaltend war, verliert die

Scheu, sich einzubringen. Auch auf Wünsche lässt sich besser reagieren … Hier ist es von Vorteil, wenn im Jahresprogramm Spielraum bleibt, etwa um sich für ein Thema mehr Zeit nehmen oder auf ein brandaktuelles Ereignis eingehen zu können. Entlastend und motivierend zugleich ist es, Aufgaben einmal zu tauschen oder sie zeitlich – etwa auf ein Arbeitsjahr oder eine Funktionsperiode des Pfarrgemeinderates – zu begrenzen.

Vom alttestamentlichen Weisheitslehrer Kohelet stammt das bekannte Wort: »Alles hat seine Zeit.« (Koh 3,1) Er sagt dies aus der Erfahrung heraus, dass alles, was Menschen machen, nicht endgültig ist und sein kann. Damit sagt er auch weiter, dass es nichts Richtiges und nichts Falsches gibt, sondern nur das, was für die Menschen und ihre Bedürfnisse jeweils zu einer bestimmten Zeit passt. Hier nicht stehen zu bleiben, sondern zu suchen, auszuprobieren, für Neues offen zu sein, nach vorne zu schauen, ist schöpferisches Tun und im Sinne des Schöpfergottes. Ihnen bleibt es, zu beurteilen, welche Zeit für Ihre Gruppe, Ihre Seniorenarbeit gekommen ist. Es gibt eine Zeit, auf die Sie dankbar zurückschauen und die Sie als erfüllte Zeit betrachten können. Nun kommt – auch für die Seniorenarbeit – eine Zeit, in der die alten Schläuche nicht mehr passen. Aufzuzeigen, wie neue Schläuche ausschauen könnten – ist das Anliegen dieses Werkbuches. Wie sie für den konkreten Gebrauch dann zugeschnitten sein müssen, muss jeder Gruppe überlassen bleiben.

# I Wachsen

# Das Frühjahr
## Zeit des Wachsens

Das Frühjahr ist die Zeit des Wachsens. Nach der Winterpause sprießen Blätter, Gräser und Blumen. Menschen freuen sich über das Leben, das in der Natur wieder zu spüren ist. Im Frühjahr feiern wir auch das Fest des Lebens, das Osterfest. Doch ist der Weg dorthin kein einfacher und gerader. Vieles musste auf dem Weg dorthin wachsen, manches absterben, manches blühte neu auf. Nach einem langen und oft mühsamen Weg erwies sich das Leben als die stärkere Macht. Ein Blick in die Bibel zeigt, dass Wachsen und Leben zusammengehören.

Zeit des Wachsens ist daher nicht nur das Frühjahr. Wachsen ist ein Auftrag an das ganze Leben. Im Schöpfungsbericht heißt es, die Pflanzen sollen Früchte bringen und Samen tragen, die Tiere fruchtbar sein und die Menschen sich mehren und die Erde bevölkern. (Gen 1,12.22.28) Wachsen und Fruchtbar-Sein sind für die Bibel aber nicht nur der natürliche Lauf der Dinge, sondern Zeichen des göttlichen Segens. Dies geht nicht nur aus dem Schöpfungsbericht hervor, auch die zahlreichen biblischen Geschichten und Verheißungen über Kinder und Nachkommenschaft haben diesen Sinn. Mit der Berufung Abrahams und Saras und der damit an sie ergangenen Verheißung, Stammeltern eines großen Volkes zu werden, ist Segen verbunden. Dies bedeutet, sein Leben lang die Beziehung zu Gott zu pflegen und darin zu wachsen. Der alttestamentliche Weisheitslehrer Jesus Sirach kann über sein Leben sagen: »Mit Gottes Segen bin ich vorangekommen.« (Sir 33,17) Wer unter dem Segen Gottes steht, wächst aber nicht nur selbst, sondern kann auch zum Wachsen beitragen, ja hat dazu den Auftrag Gottes. Allerdings hat er das Wachstum nicht in der Hand. Das Gleichnis von der selbstwachsenden Saat stellt heraus, dass Wachstum letztlich ein Geheimnis bleibt. (Mk 4,26–29) Im Gleichnis vom Sämann macht der Sämann seine Arbeit, doch das Aufgehen der Saat hängt ab von Wachstumsbedingungen, die er nicht beeinflussen kann. (Mt 13,1ff, Mk 4,1ff, Lk 8,4ff)

Andere Gleichnisse stellen heraus, dass Gottes Vorstellungen von Wachstum möglicherweise anders sind als die der Menschen. So wird das winzig kleine Senfkorn zu einem großen Baum, und die Lilien auf dem Feld wachsen – nicht weil sie arbeiten, sondern weil Gott für sie sorgt. (Mk 4,26–29; Mt 6,28) Damit etwas wachsen und Frucht bringen kann, braucht es Pflege. (Lk 13,7ff) Wachsen ist verknüpft mit Spannung und Hoffnung, mit Sorge und Erwartung. Wie werden sich die in den Garten oder in die Balkonkisten eingesetzten Pflanzen entwickeln? Was wird aus der Familie, die der Sohn oder die Tochter gegründet hat? Aus dem jungen Mann, von dem niemand geglaubt hätte, dass »aus ihm noch etwas wird?« Was wird aber auch aus mir? Wohin möchte ich mich noch entwickeln? Immer tiefer verstehe ich, dass Wachsen mit Veränderungen verbunden ist. Dass es verknüpft ist mit Erfolgen und Leistungen, aber auch mit Enttäuschungen, mit Rückschlägen. Dass die Begegnung mit Menschen dazugehört, von denen es viele gibt, die mein Wachstum fördern, aber auch andere, die es – zumindest auf den ersten Blick betrachtet – hemmen. Paulus wünscht der Gemeinde von Thessaloniki: »Der Herr lasse euch wachsen!« (1 Thess 3,12) Er tut dies mit der Überzeugung, dass Gott in allem wachsen lässt, dass er tiefere Einsicht, größere Lebensfreude, Energie und Tatkraft, vor allem aber Liebe schenkt.

*Ein Leben lang wachsen*

Wachsen ein Leben lang
Sich nach vorne ausstrecken
Seinen eigenen Weg gehen
Sein Leben reflektieren
Abschied nehmen

Wachsen ein Leben lang
Auf andere zugehen
Kontakte pflegen
Seine Meinung vertreten
Sich zurücknehmen können

Wachsen ein Leben lang
Im Vertrauen
Im Glauben
In der Liebe
In der Zuversicht

# Der Samen keimt und wächst …
## Bibelarbeit zum Gleichnis vom Wachsen der Saat

**Vorbereiten**

Text des Gleichnisses

Schreibpapier und Stifte

Gebet »Gott, lass uns wachsen« für alle

**Gebet**

Herr, öffne unser Herz,

damit wir dein Wort vernehmen.

Dein Wort, o Herr, ist Wahrheit,

heilige uns durch die Wahrheit.

(vgl. Apg 16,14, Joh 14,6)

**Bibeltext**

Das Gleichnis vom Wachsen der Saat (Mk 4,26–32)

**Deutung des Gleichnisses**

Mit den Gleichnissen vom Wachstum will Jesus die Botschaft vom her-
annahenden Gottesreich verdeutlichen. Er schildert einen allgemein bekannten Vorgang: ein Samenkorn wird ausgesät, es wächst heran, bringt
Frucht. Alle, die ihm zuhören, wissen, dass sich Saat, Wachstum und
Ernte nicht voneinander trennen lassen. Jesus spricht hier vom Wachsen des Gottesreiches. Die Saat dazu ist gesät, Gottes Kräfte wirken,
sodass das Wachstum einsetzt. Wann die Ernte kommt, ist ungewiss;
sicher aber ist, dass sie kommt. Den Menschen kommt es zu, geduldig
und gelassen zu warten. Gottes Reich wird nicht von Menschen errichtet. So wichtig es auch ist, es zu verkünden, das Wichtigste bleibt Gottes
Werk. Jesus wollte das Vertrauen auf Gott und sein Wirken stärken. Das
Gottesreich kommt gewiss. Es kommt aus der Kraft Gottes und wächst
im Stillen, unbemerkt. Die Gemeinde, die schon Misserfolge und Schwie-

rigkeiten in der Verkündigung erlebt hat, soll vertrauensvoll die weitere Entwicklung Gott überlassen. Nicht der Zeithorizont ist entscheidend, sondern die immer wirksame Nähe Gottes. Wir unterliegen leicht dem Trugschluss, dass sich das Reich Gottes durch eine einflussreiche Kirche erweist. Sicher ist sie ein Zeichen des Gottesreiches auf Erden, aber das Gottesreich ist keine fest umrissene Größe. Die Kirche ist von Menschen geprägt und einer geschichtlichen Entwicklung unterworfen. Das Gottesreich nicht. Es kommt, wenn das Wort Gottes – gleich einem Samen – an die Menschen ergeht, und wächst durch Gottes geheimnisvolle Kräfte. Der Mensch kann das Wachsen des Gottesreiches fördern, indem er Geduld und Vertrauen aufbringt, es erwartet, den Boden dafür bereitet. Herbeiführen kann er es nicht. Greifbar ist es aber dort, wo ein Mensch im Vertrauen und Glauben nach dem Willen Gottes lebt.

### Anregungen zur Bibelarbeit

Wo fühlen Sie sich bei diesem Gleichnis angesprochen? Denken Sie an die institutionelle und an die persönliche Ebene.

*Reich Gottes und Kirche*
Jesus hat mit seiner Predigt den Samen gesät
- Was ist aus seinem Samen geworden?
- Was ist für mich »Reich Gottes«?
- Das Reich Gottes ist für mich am greifbarsten in der Gestalt von …

*Reich Gottes und ich*
Mein Leben mit dem Reich Gottes
- Wer hat in mir den Samen für den Glauben gesät?
- Was hat das Wachstum dieses Samens gefördert oder gehindert?
- Wie erhalte ich die Pflanze meines Glaubens am Leben?

*Reich Gottes und mein Engagement*
- Wo habe ich ausgesät?

- Wie ist es mir dabei ergangen?
- Woher nehme ich Kraft, Mut, Vertrauen?

Das Gleichnis von der Saat, die von selbst wächst, erinnert an unsere Grenzen. In der Familie, wenn die Kinder eigene Wege gehen, wenn in unserer Gemeinde manches anders wird, als gedacht oder geplant … Wir können nur einladen, am Reich Gottes mitzuwirken, Wege dazu anbieten, Möglichkeiten aufzeigen. Wir können davon sprechen, was Glaube für das Leben bedeutet. Die Schritte dazu muss jeder selbst machen.

Das Gleichnis schenkt aber auch Zuversicht. Was gesät ist, wird aufgehen. Vielleicht irgendwo anders. Vielleicht zu einem Zeitpunkt, an dem es nicht erwartet wird, denn manchmal bleibt etwas über lange Zeit unscheinbar, plötzlich aber wächst es und übertrifft alle Erwartungen. Gott weiß am besten, wann die richtige Stunde gekommen ist.

## Weitere Anregungen

- Pflanzen Sie im Frühjahr Blumen, Kräuter oder Gemüse oder streuen Sie davon Samen in ein Gartenbeet, einen Blumentopf, eine Balkonkiste. Denken Sie dabei nach oder kommen Sie miteinander ins Gespräch: Was wurde in mir gesät? Was habe ich ausgesät? Was ist in mir oder durch mich gewachsen?

- Beobachten Sie bei Spaziergängen – alleine oder mit anderen –, wie die Natur heranwächst: Wohin wachsen die Pflanzen? Was hat mein Wachstum gefördert oder behindert? Was kann in mir noch wachsen?

- Gestalten Sie eine Fotoserie mit Fotos der teilnehmenden Personen: So bin ich gewachsen …

- Legen Sie eine »Rose von Jericho« ins Wasser und beobachten Sie, wie sie aufgeht und grün wird. Schließen Sie daran eine Austauschrunde zum Thema: »Was braucht es, um zu wachsen (aufzublühen)« an.

- Schließen Sie einen Nachmittag zum Thema »Wachsen« mit folgendem Gebet ab:

Gott,
lass uns wachsen
im Aufeinander-Hören,
im Miteinander-Sprechen,
im Füreinander-Denken.

Lass uns wachsen
im Vertrauen,
in der Geduld,
in der Freude.

Lass uns wachsen
im Glauben,
in der Hoffnung,
in der Liebe.

Halten Sie dabei Ihre Hände wie eine Schale zusammen und legen Sie hinein, was Ihnen für Ihre Kinder, Enkel und andere Menschen am Herzen liegt: ein Wunsch, eine Bitte, einen guten Gedanken ... Dann pusten Sie Ihr Gebet in die Richtung dessen, dem es gilt.

# Der tragende Grund
## Über Taufe und Wachsen im Glauben

Das Neue Testament versteht die Taufe als Zeichen des Eintritts in die christliche Gemeinde. Wer um die Taufe bittet, sagt, dass er zur Gemeinschaft derer gehören möchte, die nach dem Vorbild Jesu leben und den Geist des Lebens Jesu in die Welt tragen wollen. Dazu schließt er mit Gott und Gott mit ihm einen Bund. Der Gedanke der Sündenvergebung war mit der Taufe zwar verbunden, spielte aber eine untergeordnete Rolle. Erst mit der Entstehung der Volkskirche, etwa ab Ende des 4. Jahrhunderts, rückte er in den Vordergrund und verdrängte das ursprüngliche Verständnis von Taufe. Der Religionsunterricht, wie er bis in die Zeit des Zweiten Vatikanischen Konzils (1963–1966) erteilt wurde, hat dies auch so vermittelt. Bis dahin wurde die Taufe in erster Linie als Zeichen der Vergebung der Erbschuld verstanden, und kaum noch als Beginn des Lebens in der Nachfolge Jesu. Als Zeichen des Bundes zwischen Gott und den Menschen spielte sie praktisch keine Rolle mehr. Erst das Zweite Vatikanische Konzil stellte die ursprüngliche Reihenfolge wieder her: »Mit großer Freude nimmt dich die christliche Gemeinde auf«, spricht der Taufspender zum Täufling, wenn er ihn mit dem Kreuzzeichen bezeichnet. Im Taufversprechen geht es um die Beziehung zwischen Gott und Mensch. Das Taufversprechen impliziert für uns heute, dass Gott etwas vom Menschen fordert und der Mensch ihm dies gibt. Aus biblischer Sicht ist ein Versprechen ein Beziehungsgeschehen zwischen Gott und Mensch, bei dem die Initiative von Gott ausgeht. Er bietet dem konkreten Menschen an, in enger Beziehung mit ihm zu leben. Vorbild dafür ist Jesus, der ganz im Vertrauen auf seinen Vater gelebt hat. Dem, der dieses Vertrauen aufbringt, sagt Gott zu, ihm zeit seines Lebens zur Seite zu stehen. Wie Jesus kann er sich letztendlich auch in den schwierigsten Situationen seines Lebens als von Gott getragen wissen. (vgl. Röm 8,28)

Im Laufe des Lebens muss sich der Mensch – vor allem wenn er als Säugling getauft wurde – dieser Entscheidung immer wieder stellen. Dies ist im Jahreslauf der Sinn des sonntäglichen Taufgedächtnisses oder der Feier der Tauferneuerung zu Ostern, aber auch Thema bei bestimmten Lebensabschnitten wie Erstkommunion oder Firmung. Im Laufe eines langen Lebens war es nicht immer einfach, das Versprechen, den Weg Jesu zu gehen, einzuhalten. Viele andere Beanspruchungen forderten heraus, sodass die Beschäftigung mit Glaubensfragen zurücktreten musste. Mit dem Älterwerden stellen sie sich aber – vielleicht in einem anderen Licht – oft wieder. »Erfolgreich älter werden« gilt in vieler Hinsicht als ein erstrebenswertes Ziel. Für einen Getauften gehört dazu auch, in der Beziehung zu Gott, die mit der Taufe begonnen hat, zu wachsen. An dieser Beziehung kann man immer arbeiten. Dafür gibt es keine Altersgrenze. Was dann aber aus eigener Kraft nicht mehr möglich war und noch fehlt, fügt Gott am Ende des Lebens hinzu. In der Begräbnisfeier kommt dies zum Ausdruck: Der Sarg, in dem der Verstorbene liegt, wird mit Weihwasser besprengt und dazu die Worte gesprochen: »Im Wasser und im Heiligen Geist wurdest du getauft. Der Herr vollendet nun an dir, was er in der Taufe begonnen hat.« Im entscheidenden Punkt des Lebens, dem Sterben, ist Jesus da und löst seine Verheißung ein: »Wo ich bin, wird auch mein Diener sein.« (Joh 12,26)

## Anregungen

- Verwenden Sie den obenstehenden Text als Grundlage zu einem Glaubensgespräch über Taufe, christliches Leben, Nachfolge, Beziehung zu Gott ...
- Das Lied »Fest soll mein Taufbund immer stehn« wurde mehrmals umgedichtet oder erweitert. Vergleichen Sie den Text aus dem Gotteslob mit der Originalfassung und anderen Fassungen in älteren Gesangbüchern. Welcher Wandel zeigt sich im Kirchenbild sowie im Verständnis von Glaube und Taufe?

*Fest soll mein Taufbund immer stehn*
Fest soll mein Taufbund immer stehn,
Ich will die Kirche hören!
Sie soll mich allzeit gläubig sehn
Und folgsam ihren Lehren!
Dank sei dem Herrn, der mich aus Gnad'
Zur wahren Kirch' berufen hat,
Nie will ich von ihr weichen!

Dem bösen Feind und seiner Pracht
Gelob' ich zu entsagen;
Verachte seine ganze Macht,
Will lieber Leid ertragen.
Ich fliehe alle Werke sein,
Sie endigen mit Höllenpein,
Bereiten ew'ge Qualen.

Die rechten Wege wandle ich,
Solang ich leb' auf Erden.
Getreuer Gott, beschütze mich
Und lass mich selig werden!
O mach mich ähnlich Deinem Sohn,
Dass ich erhalte meinen Lohn
Im Himmel einst auf ewig!

Originalfassung von 1810

- Suchen Sie im Gotteslob und in anderen Liederbüchern nach Liedern zur Taufe. Welchen Akzent setzen sie?
- Sprechen Sie mit Hilfe des Gotteslobes über Sinn und Gestalt der Taufe. (GL 571ff)
- Was symbolisieren Taufkerze und Taufkleid? Spielt das für Sie eine Rolle?

- Laden Sie die in Ihrer Pfarrei für die Taufvorbereitung verantwortliche Person zu einem Gespräch in die Gruppe ein.
- Gespräch zur eigenen Taufe: Wo wurde ich getauft? Wer war Pate oder Patin? Nach welchen Überlegungen wurden diese ausgesucht? Gibt es Erinnerungsstücke an die eigene Taufe? Was bedeuten sie mir?
- Suchen Sie in Ihrer Pfarrkirche nach Orten oder Gegenständen, die mit »Taufe« in Beziehung stehen.
- Wer kann in der Gruppe erzählen über
  - die Besichtigung eines Baptisteriums oder eines neu gestalteten Taufbeckens einer Kirche?
  - einen Besuch bei der Taufstelle Jesu am Jordan?
  - eine Tauffeier einer anderen Konfession?
- Ich bin zu einer Taufe eingeladen. Was möchte ich schenken?
- Ich bin Taufpatin/Taufpate – wie habe ich diese Funktion verstanden?
- Taufe bedeutet für die Kirche die Aufnahme in die Gemeinde Jesu. Für viele Eltern, die ihr Kind taufen lassen, ist sie ein Familienfest. Kann man dieses gegensätzliche Verständnis vereinbaren?

# Einmal ein anderer sein
## Über Masken und Verkleiden

## Masken

### Vorbereiten
- Gestaltete Mitte aus unterschiedlichen Masken und einer Narrenkappe
- Bastelmaterial

### Faschingsgedanken
Es jubelt und trubelt voll Heiterkeit
um uns so herum in der Faschingszeit.
Drum, liebe Christen, Alte und Junge,
hab ich ganz angestrengt nachgedacht
und statt einer Predigt
eine Büttenrede mir ausgedacht.

Die Maske und was mit ihr oft verbunden,
hat mein besonderes Interesse gefunden,
denn schau ich hier in die Runde hinein,
seh ich viele Masken – bei Groß und bei Klein!

Frau Müller, die darauf Wert legt, immer recht fein
nach der neusten Mode gekleidet zu sein,
ist da als Putzfrau mit Schrubber und Besen,
als wäre sie dies schon immer gewesen.

Herr Schmitt, der Verkäufer von gegenüber,
heut tritt er auf – als Gerichtsvollzieher.
Dr. Meier, man glaubt's nicht, wenn man ihn kennt,
ist da – als sein eigener Patient!

Frau Schulze, die Älteste unserer Runde,
erwartet als Schneewittchen die frohe Kunde,
dass bald kommt ein Prinz, der – mutig und schön –
sie einlädt, mit ihm in sein Schloss zu gehn.

Heike und Matthias sind Schwester und Bruder.
Gewöhnlich hat hier die Heike das Ruder.
Doch heut ist es anders. Was klein ist, wird größer.
Matthias kommt als Saurier und Heike als Käfer.

Ich weiß, es haben Groß und Klein
den Wunsch, einmal ein andrer zu sein.
Der Fasching macht's möglich, die Maske hilft viel,
dass jeder einmal kann sein, was er will.

Die Maske kann Fehler und Schwächen verdecken
und die größten Illusionen erwecken.
Und mancher, ich sage es deutlich und klar,
trägt eine Maske das ganze Jahr!

Uralt ist dieses »Ich-möchte-gern-sein«,
schaun wir doch nur in die Bibel hinein!
Da steht, dass der Böse – als Schlange maskiert –
die ersten Menschen hat verführt.
Auch die wollten einfach mal anders sein
und fielen prompt auf sein Versprechen herein.

Doch liegt es mir fern, jemandem Angst einzujagen.
Es darf jeder heut froh seine Maske tragen!
Nimmt er sie ab, denke er immer daran:
So, wie ich bin, mit dem, was ich kann,

hat Gott mich geschaffen und das gibt mir Sinn.
Gott hat mich geschaffen, ich bin, was ich bin!

## Streifzug zur Geschichte der Masken

Ein Gang durch die Kulturgeschichte der Maske ist ein Gang durch die Kulturgeschichte der Völker. Alle Kulturen kennen aus unterschiedlichen Materialien gefertigte Masken. Früher Leder, Stoffe, Holz, Federn, Metalle, heute meist Kunststoff. Sie dienen zur Bedeckung des Gesichtes für rituelle und religiöse Zwecke, dienen zum Beispiel beim Theaterspielen dazu, eine Rolle zu verdeutlichen, oder sollen jemanden aus unterschiedlichen Gründen unkenntlich machen. Masken spielen auch eine Rolle bei Gebräuchen zum Wechsel der Jahreszeiten.

Ein Streifzug: Im alten *Ägypten* trugen Priester bei Ritualen Masken und stellen damit die Gottheiten dar, die verehrt werden sollten. Eine besondere Rolle spielten Masken im Totenkult. Besonders eindrucksvoll sind die Totenmasken der Pharaonen. Totenmasken sollten ursprünglich wohl Unheil abwehren, aber auch für ein bleibendes Bild des Verstorbenen sorgen. Auch im antiken *Griechenland* werden auf die Gesichter der Verstorbenen Masken gelegt. Das Gesicht der Toten sollte nicht verloren gehen. Eine große Rolle spielten die Theatermasken. Wer sie trug, repräsentierte die Gestalt, die die Maske darstellte. Mit Hilfe der Maske konnte ein Schauspieler auch in mehrere Rollen schlüpfen. Auch in *Rom* kannte man den Brauch der Totenmaske. Eine lachende und eine weinende Maske sind als Symbole für die Komödie und die Tragödie Sinnbilder für das Theater. Bei den *Germanen und Kelten* dienen Masken zur Abwehr der bösen Geister. Sie erschrecken vor ihrem eigenen Gesicht. Bei Perchtenläufen und ähnlichen Bräuchen werden sie in großer Vielfalt verwendet. In der *mittelalterlichen* Gerichtsbarkeit und bis ins 18. Jahrhundert spielen Schandmasken eine Rolle. Das individuelle Gesicht galt als Spiegel der Persönlichkeit. Wer straffällig wurde, hat sein Gesicht, seine Einmaligkeit, verloren und musste einige Zeit einen Maske tragen, die sein Vergehen anprangerte, zum Beispiel eine lange Zunge für Geschwätzigkeit oder das Verbreiten von Gerüchten. Bis ins 17. Jahrhundert gab es die Hofnarren. Sie hielten den Herrschenden den Spiegel vor bzw. holten ihnen »ihre Maske herunter«, weil sie ungestraft die Wahrheit sagen durften. Markanter Bestandteil der Narrenkleidung war die Narrenkappe. Ihre Gestalt lässt sich zurückführen auf einen Hahnenkamm und zwei Eselsohren. Der Esel ist Symbol für Trägheit, der Hahn für Eitelkeit. Mit Hilfe von Masken konnte man in eine andere Rolle schlüpfen oder auch unerkannt bleiben. Maskeraden und Maskenbälle waren daher aus vielerlei Gründen bei Arm und Reich, bei Jung und Alt beliebt. Ist das heute anders?

## Anregungen

- *Gedankenaustausch:*
  Welche Rolle übernehme ich gerne? Welche wird mit mir immer wieder verbunden? Wie fühle ich mich dabei? Welche Rolle möchte ich gerne einmal spielen? Was hindert mich, es zu tun? Mag mich jemand dabei unterstützen?
- *Jetzt red i:*
  In der Mitte liegen unterschiedliche Masken und eine Narrenkappe. Wer möchte, sucht sich eine aus und erklärt, was er damit verbindet. Wer möchte, kann sich auch die Narrenkappe aufsetzen und das sagen, was er schon immer mal sagen wollte, aber nie gesagt hat ...
- *Masken tragen:*
  Bastelmaterial steht zur Verfügung. Wer möchte sich seine eigene Maske basteln? Kommen Sie dabei aber auch ins Gespräch und erläutern Sie, warum Sie gerade diese Maske anfertigen.

## Abschluss

Wir applaudieren dem Menschen,
der es versteht,
Spannungen zu lösen, Verspannungen zu entkrampfen
und in ein befreiendes Lachen zu verwandeln.

Wir applaudieren dem Menschen,
dem es glückt,
niedergeschlagene Minen zu lichten, bedrückte Gesichter aufzuheitern
und dicke Luft aufzulösen.

Wir applaudieren dem Menschen,
dem es gelingt,
durch Güte und Humor
Brücken zu bauen, Türen zu öffnen und Gemeinsamkeit zu schaffen.

… und weil in jedem von uns diese und viele andere solcher Möglichkeiten stecken, applaudieren wir uns auch einmal ganz kräftig selber!

## Kasperltheater

Bei einem Kasperltheater (nicht zu verwechseln mit einem Puppentheater) ist nur die Handlung des Stückes vorgegeben. Die Dialoge und Monologe sind frei und bieten daher viel Spielraum zur Gestaltung und vor allem zur Interaktion zwischen den Darsteller*innen (Figuren) und den Zuschauer*innen. Bei Kindern ist es recht beliebt. Laden Sie Ihre Enkel und ihre Freunde und Freundinnen zu einem Kasperltheater im Fasching ein. Thema: *Ich möchte einmal ein anderer sein.*

### Vorbereiten
Benötigt werden: eine Kasperltheater-Bühne, einfache Kulissen und die Figuren von: Kasperl, Zauberer, Räuber, Seppel, Gretel, Großmutter, Polizist, Krokodil.

### Die Geschichte
Der Kasperl möchte einmal ein anderer sein, geht zum Zauberer und will sich in einen Prinzen verzaubern lassen. Der Zauberer aber verzaubert

ihn in einen Räuber. Im Glauben, er sei ein Prinz, geht der Kasperl fort, eine Prinzessin zu suchen. Auf dem Weg begegnen ihm der Seppel und die Gretel. Sie laufen vor ihm davon, ja sogar das Krokodil versteckt sich, als es ihn sieht. Jetzt ahnt er, dass ihn der Zauberer nicht in einen Prinzen, sondern in einen Räuber verzaubert hat, setzt sich auf eine Bank und beginnt zu weinen. Zufällig kommt die Großmutter vorbei. Sie wundert sich über einen Räuber, der weint. Der Kasperl gibt sich ihr zu erkennen, erzählt, dass er einmal ein Prinz hätte sein wollen, der Zauberer ihn aber in einen Räuber verzaubert hat, und bittet die Großmutter, ihm zu helfen. Die Großmutter geht zum Polizisten, der schon lange auf einen Grund wartet, den Zauberer einsperren zu können. Alle rufen den Zauberer. Als dieser erscheint, zwingen sie ihn, den Kasperl zu entzaubern. Als er das getan hat, verlässt den Zauberer seine Zauberkraft. Der Polizist verhört den Zauberer und sperrt ihn ein. Auf die Frage der Großmutter an den Kasperl, warum er sich verzaubern lassen wollte, antwortet dieser, er wollte, dass es ihm auch einmal so gut gehe wie einem Prinzen. Darauf erzählt die Großmutter dem Kasperl, der Prinz habe ihr einmal gesagt, er sei als Prinz auch nicht immer glücklich. Manchmal möchte er lieber ein Kasperl sein. Ihr Rat ist daher, jeder soll sein, was er ist, und mit dem, was er kann, dem anderen Freude machen. Für den Kasperl heißt das: Frohsinn zu vermitteln und andere zum Lachen zu bringen.

# Holz auf Jesu Schulter
## Den Kreuzweg betrachten

Die Vorbereitungszeit auf Ostern, vor allem die 5. Woche in der Fastenzeit und die Karwoche, ist die Zeit der Begegnung mit dem leidenden
Jesus. Die Betrachtung der Kreuzwegstationen führt automatisch hin
zur Auseinandersetzung mit Leid und Kreuz – dem eigenen und dem in
der Welt. Wie können wir es deuten, wie damit umgehen?

### Kreuzweg und Nachfolge Jesu

Den Ereignissen der letzten Tage Jesu kommt im Kirchenjahr eine besondere Bedeutung zu. Wie mit einem Brennglas führen sie in den Sinn
und Auftrag seines Lebens ein. In ähnlicher Dichte lesen wir dazu im
Brief an die Philipper: »Jesus Christus war Gott gleich, hielt aber nicht
daran fest, wie Gott zu sein ... Sein Leben war das eines Menschen; er
erniedrigte sich und war gehorsam bis zum Tod ... Darum hat ihn Gott
über alle erhöht ...« Sich in das Leben Jesu meditierend hineinzuversen-
ken, in seine Lebenseinstellung hineinzuwachsen und daraus die Konsequenzen für sich selbst zu ziehen – dazu gibt es unterschiedliche
Wege. Einer davon ist das betende Nachgehen seines letzten Weges. Von
der Spätantike bis in die Zeit der Kreuzzüge pilgerten Menschen nach
Jerusalem, um an den Originalstätten des Leidens Jesu diesen Weg
nachzugehen. Nach der Rückkehr in ihre Heimat bauten sie das Heilige
Grab nach, um auch zu Hause immer wieder an das Leiden, den Tod und
die Auferstehung Jesu erinnert zu werden. Als die Christen das Heilige
Land wegen des Vordringens des Islams nicht mehr bereisen konnten
und auch die Kreuzzüge nicht den erhofften Ausgang brachten, wurde
das Gehen des Kreuzweges in der Heimat zum Ersatz für die Wallfahrt
nach Jerusalem. Die Entwicklung des Kreuzweges mit vierzehn Stationen war im 16. Jahrhundert abgeschlossen. Weiters förderte die Gegenreformation des 17. Jahrhunderts die Kreuzverehrung. Bruderschaften
zur Verehrung des heiligen Kreuzes wurden gegründet, Kreuzigungs-

gruppen und Kalvarienberge errichtet, Kreuzwegstationen im Freien aufgestellt sowie Kreuzweg-Bilder in den Kirchen angebracht. Ab der zweiten Hälfte des 20. Jahrhunderts kommt immer häufiger eine weitere Station dazu: Ostern.

## Mit Kreuz und Leid auseinandersetzen

Wir alle wissen um Kreuz und Leid – im eigenen Leben und auf der Welt. Manches davon können wir uns nicht erklären, anderes lässt sich auf Egoismus, auf das rücksichtslose Verfolgen eigener Vorstellungen, Ideale und Ziele zurückführen. Dies trifft für die Gesellschaft in Staat und Kirche ebenso zu wie für unser aller Alltag, mag er auch noch so unspektakulär sein. Es hat aber wenig Sinn, dem Leid auszuweichen oder die Abgründe der Welt zu verharmlosen. Zielführender ist es, so sagt uns Jesus, sich damit auseinanderzusetzen. Er hat diese Auseinandersetzung geführt und jedem, der ihm nachfolgt, zu verstehen gegeben, dass auch er – mag diese Auseinandersetzung auch noch so mühsam sein – sie bestehen wird. Wir können dabei an die Grenzen unserer Kräfte stoßen. Doch geht es nicht darum, Unmögliches zu vollbringen, sondern das, was wir können. Mehr wird von uns nicht erwartet, denn der eigentliche Kreuz-Träger ist Jesus. Er geht voraus und zeigt den Weg. Wir sind Mittragende und Nachfolgende. Ein Leben in der Nachfolge Jesu führt zur wirklichen Größe des Menschseins, zur Neuwerdung, zur Auferstehung, die uns Gott schenkt.

Was nur als fromme Betrachtung des Leidensweges Jesu erscheint, wird in dieser Auseinandersetzung zu einer Frage der Nachfolge und des Glaubens. Die Kreuzwegstationen lassen sich dazu mit Schrecklichkeiten und Unbegreiflichkeiten verbinden, die auf unserer Welt herrschen, wie Armut, Korruption, Terror oder Brutalität. Sie werden auch zu einem Spiegel eigener Schwächen, die oft die Ursachen von Übeln im eigenen Lebensumfeld sind, wie Härte, Feindschaft, Herabwürdigung oder Gefühlskälte. Ältere Menschen, die auf ein wechselvolles Leben zurückblicken oder die vielfach Leid und Entbehrungen erlebt haben, können hier viel dazu sagen. Einzelne Gestalten, die am Kreuzweg begegnen, wie Judas, Petrus, Veronika, Maria, die weinenden Frauen, Nikodemus, Josef von Arimathäa, Pilatus, der Hauptmann, die beiden Verbrecher, sind auch Typen für ein Verhalten, in dem man sich selbst finden kann, oder für Menschen, denen man begegnet ist. Der Blick auf Jesus schließlich mag helfen, vor dem eigenen Leid und Kreuz nicht zu kapitulieren – auch hier sind die Erfahrungen älterer Menschen wertvoll –, sondern damit umzugehen, wie er es getan hat, es anzunehmen und dem Vater-Gott hinzuhalten im Bewusstsein: Ich habe das Meine getan. Nun bist du dran. Wir können uns auf Jesu Verheißung berufen: »Wer mir nachfolgt, wird nicht in der Finsternis umhergehen ...« (Joh 8,12).

## Anregungen zur Betrachtung des Kreuzweges

- Wählen Sie aus einem Kreuzweg die bildliche Darstellung einer Station aus und projizieren Sie diese mit Hilfe eines Beamers an eine Wand. Lassen Sie das Bild eine Weile still betrachten und geben Sie dann Anregungen, es zu erschließen:
  - Was ist dargestellt?
  - Was empfinden Sie beim Betrachten des Bildes?
  - Welche Farben dominieren?
  - Welche Personen, welche Gegenstände sind dargestellt?
  - Wer steht im Zentrum des Bildes, wer eher am Rand?
  - Wo würde ich mich auf diesem Bild sehen?
  - Was könnten die dargestellten Personen sagen?
  - Was sagt uns das Bild?

  Schließen Sie die Betrachtung ab mit einem Lied, einem Gebet oder einem passenden Text aus einem der zahlreichen Bücher mit Anregungen zur Gestaltung der Fastenzeit oder einem Fastenkalender.

  Für Gruppen, die mit dieser Art des Austausches nicht so vertraut sind, eignet sich besonders die 2., 4., 5. oder 6. Station.

- Den Farbausdruck einer Kreuzwegstation austeilen und betrachten:
  - Zeichnen Sie Verbindungslinien zwischen den Personen: Wer ist mit wem in Kontakt? Wer nicht? Welche Gruppen stehen zusammen?
  - Schneiden Sie die Personen aus und gruppieren Sie sie neu.
  - Erinnert Sie das Bild an eine Begebenheit aus Ihrem Leben?
  - Ergänzen Sie das Bild um Personen, die Ihnen darauf fehlen.
  - Zeichnen Sie sich selbst in das Bild.
  - Tauschen Sie sich mit einer anderen Person oder in der Gruppe über Ihre Kreuzweg-Erfahrungen aus.

  (*Hinweis:* Eignet sich besonders zur Betrachtung in kleinen Gruppen oder zur Einzelbetrachtung.)

- Stellen Sie ein Kreuz auf. Laden Sie ein, ein Thema zu besprechen. Beispiele:
  »Jeder hat sein Kreuz zu tragen«, »Es ist schon ein Kreuz mit ...«, »Das Altwerden ist ein Kreuz«, »das Kreuz gefasst, ist halb getragen«, »der Ölberg ist schrecklicher als das Kreuz«. Formulieren Sie aus diesem Gespräch heraus Bitten oder Anliegen, schreiben Sie diese auf einen Zettel und legen Sie die Zettel unter das aufgestellte Kreuz. Beten Sie in diesen Anliegen gemeinsam und laden Sie ein, die Zettel mit nach Hause zu nehmen – jeder den eines anderen – und für die Anliegen zu beten.

- Das Lied »Holz auf Jesu Schulter« (GL 291) spricht viele Gedanken zu Kreuz und Kreuztragen an. Gehen Sie es Strophe für Strophe durch: Welche Situation spricht sie an? Wie deutet sie »Kreuz«? Was legt sie uns nahe?

- Einige Passionsmotive sind nicht in den Kreuzweg eingegangen, aber sehr populär: Jesus betend am Ölberg, die Gefangennahme Jesu, Jesus als Schmerzensmann oder die Pietà. Auch regionale Besonderheiten wie Bildstöcke mit den Motiven »Jesus als Keltertreter« oder »Jesus der Kreuzschlepper«, die trauernde Gottesmutter oder das »Arma-Christi-

Kreuz«, d. i. das Kreuz mit den »Waffen Christi«, den Leidenswerkzeu-
gen, finden sich an Kirchen, Kapellen, Brücken, Hausfassaden, Hofto-
ren, Wegen, Straßen oder Plätzen. Welche gibt es in unserer Umgebung?
Warum stehen sie an dieser Stelle? Gibt es eine Geschichte dazu? Wer
kümmert sich um ihre Pflege? Werden sie aufgesucht zum Beispiel bei
einer Flurprozession oder einem Bittgang? Warum halten wir dort nicht
einmal eine Andacht?

* Kreuzwege in der künstlerischen Sprache unserer Zeit – welchen kennen wir? Was sprechen sie an?

* Im Buchhandel oder in Materialdiensten kirchlicher Einrichtungen gibt
  es zahlreiche Unterlagen zur Gestaltung von Kreuzwegandachten,
  auch speziell zugeschnitten für ältere Menschen oder für Andachten in
  Heimen.

**Gebet**
Jesus hat erlitten, was Menschen erleiden. Sein Kreuz ist das Zeichen,
das besagt, dass in der Welt nicht Kreuz und Leid die stärksten Kräfte
sind, sondern Hoffnung und Versöhnung.

(Mehrere Sprecher*innen beten abwechselnd langsam vor:)
Jesus, du hast Todesangst gelitten.
Jesus, du hast dich einsam und hilflos gefühlt.
Jesus, du hast mitmenschliche Nähe gesucht.
Jesus, du wurdest bedroht und gefangen genommen.
Jesus, deine Freunde haben dich verraten und verlassen.

V: Herr Jesus Christus,
A: erbarme dich über uns und über die ganze Welt!

Jesus, du wurdest vor ein verlogenes Gericht gestellt.
Jesus, du warst eine unerwünschte Person.
Jesus, du wurdest ungerecht zum Tod verurteilt.
Jesus, du wurdest verspottet und gefoltert.
Jesus, ein Verbrecher wurde dir vorgezogen.

V: Herr Jesus Christus,
A: erbarme dich über uns und über die ganze Welt!

Jesus, du hast dein Kreuz getragen.
Jesus, du bist unter dem Kreuz zusammengebrochen.
Jesus, dein Elend war für andere nur eine Unterhaltung.
Jesus, du wurdest vor allen bloßgestellt.
Jesus, du hast Gottverlassenheit erfahren.

V: Herr Jesus Christus,
A: erbarme dich über uns und über die ganze Welt!

Jesus, dein Leiden war für manche ein Anstoß nachzudenken.
Jesus, dein Leiden machte Simeon zum Helfer.
Jesus, dein Leiden veranlasste Veronika zu einer spontanen Geste
der Liebe.
Jesus, dein Leiden brachte den gekreuzigten Verbrecher zur Einsicht.
Jesus, dein Leiden führte den römischen Hauptmann zum Glauben.

V: Herr Jesus Christus,
A: erbarme dich über uns und über die ganze Welt!

Jesus, dein Kreuz hat Menschen zusammengeführt.
Jesus, du warst bereit für alles, was auf dich zukommen sollte.
Jesus, du hast im Sterben Versöhnung geschenkt.

Jesus, du hast dich ganz den Händen des Vaters übergeben.
Jesus, deinem Tod kann niemand aus dem Weg gehen.

V: Herr Jesus Christus,
A: erbarme dich über uns und über die ganze Welt!

Jesus, durch dein Kreuz hast du die ganze Welt erlöst.
Jesus, durch deinen Tod hast du den Tod vernichtet.
Jesus, dein Grab macht alle Gräber zum Tor ins Leben.
Jesus, du wandelst Trauer in Freude.
Jesus, du Herr des Lebens.

V: Herr Jesus Christus,
A: erbarme dich über uns und über die ganze Welt!

# Rund um das Osterfest
## Inhalte und Symbole, Bräuche und Anregungen

Die Osterzeit, die wir im Frühjahr feiern, fragt auch nach unserem Wachsen im Glauben und unserem Wachsen in der Beziehung zu Jesus. Werfen wir dazu einen Blick auf die Karwoche.

### Palmprozession

Nach der Segnung der Palmzweige ziehen wir in einer Prozession zur Kirche. Den Beginn macht das Kreuz. Ihm schließen wir uns an. Wer auch immer bei der Prozession mitgeht – Priester, Diakon, Pfarrgemeinderäte, Eltern, Kinder, Jugendliche, alte und junge Menschen –, alle gehen hinter dem Kreuz und folgen Jesus. Wohin, sagen die Texte der Gottesdienste. Das Evangelium vom Einzug in Jerusalem: in den Jubel des Volkes. Die Passion, die in der Eucharistiefeier gelesen wird: in sein Leiden. Die Lesung aus dem Propheten Jesaja unterstreicht, dass der Weg, den Jesus geht, im Einklang mit dem Willen Gottes steht und deshalb einen Sinn hat. Die Lesung aus dem Philipperbrief reflektiert Jesu Weg und stellt fest, dass er das Ziel dieses Weges erreicht hat, die Herrlichkeit. Im Tagesgebet bitten wir um Gottes Hilfe, Jesus auf diesem Weg nachfolgen zu können, »damit wir auch an seiner Auferstehung Anteil erlangen«.

### Anregungen

- Betrachten Sie ein Bild, am besten eine Ikone, mit der Darstellung des Einzuges Jesu in Jerusalem. Jesus reitet in die Stadt. Ihm folgen die Apostel. Die Einwohner Jerusalems gehen ihm entgegen. Sie erwarten ihn als den großen Wundertäter. Auf welcher Seite stehe ich?
- Die Palmzweige sind Zeichen des Jubels und der Huldigung. Wie kommt dies zum Ausdruck? Was geschieht mit ihnen nach der Palmprozession? Welche Gepflogenheiten und Gebräuche gibt es dazu?
- Austausch: Was ist mir in der Karwoche wichtig?

## Karfreitagsratschen

Nach dem Gloria der Gründonnerstagsmesse schweigen die Glocken bis zum Gloria der Osternacht. Nun ziehen Kinder – Ministrant*innen, Pfadfinder*innen, pfarrliche und andere Kinder- und Jugendgruppen – mit hölzernen Lärminstrumenten (Ratschen, Klappern, Knarren) durch die Straßen, um durch einen ohrenbetäubenden Lärm und mit unterschiedlichen Sprüchen an die Gebetszeiten und Gottesdienste zu erinnern.

### Anregungen

* Wo gibt es den Brauch des Karfreitagsratschens (-klapperns)?
* Erinnerungen an meine Zeit als Ratschenbub.
* Verse, die beim Ratschen vorgetragen wurden.
* Einladen der Ratschenkinder in den Seniorenkreis.
* Besuch der Werkstatt eines Ratschenerzeugers.
* Mit Kindern eine Ratsche bauen und als Begleitperson mit einer Kindergruppe gehen.

## Prozession in der Osternacht

Die Prozession vom Osterfeuer in die Kirche ist das Gegenstück zur Palmsonntags-Prozession. Nun folgen wir aber nicht dem Kreuz, sondern der Osterkerze, die »Christus, das Licht« symbolisiert. Jesus nachfolgen bedeutet, sich an den zu halten, der Licht ist. Dazu gehört, seinen Weg – den Weg des Gott-Vertrauens – zu gehen. Dazu haben wir uns zwar alle schon einmal entschlossen – unsere Taufe ist das Zeichen dafür –, doch ist es nicht immer leicht, diesen Entschluss durchzuhalten. Daher erneuern wir ihn in der Osternachtfeier.

### Anregungen

* Eine Gesprächsrunde mit Erläuterungen zur Osternacht-Feier.
* Vortrag: So wird Ostern in ... gefeiert ...
* Austausch: Mein Osterglaube ...

## Osterei

Das Ei ist ein Symbol für Sein und Werden. Bereits die alte Kirche kennt es als Sinnbild der Auferstehung. Sie zog eine Parallele zwischen der Eierschale, die das Küken umschließt, und dem Grab, das den Heiland umschließt, sowie zwischen dem Küken, das die Eierschale durchbricht, und Jesus, der dem Grab entsteigt. Aus einem vermeintlich toten Gegenstand entsteht Leben. Eine Segnung der Eier zu Ostern ist bekannt seit dem 12. Jahrhundert, von rot gefärbten Eiern wird auch in einer Schrift aus dem Jahre 1553 gesprochen, die Bezeichnung Osterei taucht erstmals im 17. Jahrhundert im Elsass auf. Dort sind die Eier nicht nur rot, sondern bunt gefärbt. Eier gehörten zu den Speisen, auf die man in der Fastenzeit verzichtet hat. Sie und andere Speisen, die nach dem langen Fasten erstmals wieder gegessen wurden, werden im Ostergottesdienst zum Zeichen der Dankbarkeit und Freude über das neue Leben gesegnet. Zu diesen Speisen gehören Brot, geräuchertes Fleisch, Eier, Osterfladen (Pinze), Butter, Salz, Meerrettich (Kren).

### Anregungen

- Ein gemeinsamer Rundgang über einen Ostermarkt.
- Der Seniorenkreis gestaltet einen Ostereiermarkt.
- Ostereier färben (verzieren) nach Omas Rezept.
- Der Seniorenkreis überbringt Osternester in ein Mutter-Kind-Heim, einen Kindergarten, zu Trauernden …
- Gestalten eines Osterstraußes oder Ostermobiles für die Kirche/eine Kapelle/das Pfarrzentrum / das Seniorenheim / eine Tageseinrichtung.

## Osterbrot

Beim letzten Abendmahl hat Jesus seine Gegenwart mit der Brotgestalt verbunden. Die Jünger erkannten den auferstandenen Jesus beim Brotbrechen (Lk 24,30ff). Daher wird Brot in der Osterzeit mit besonderer Sorgfalt und in großer Vielfalt gebacken. Bei der Segnung der Osterspeisen darf es nicht fehlen.

## Anregungen

- Bibelinfo: Brot in der Bibel.
- Austausch von Rezepten für Osterbrot, Osterstriezel, Osterpinze oder für anderes typisches Ostergebäck.
- Besuch einer Bäckerei mit Information über ihr Ostersortiment.
- Sprichwörter zu Brot sammeln.

## Osterlamm

Das Lamm gehört zu den beliebtesten Opfertieren; Vorläufer unseres Osterlammes ist das jüdische Paschalamm. Beim Auszug aus Ägypten ordnete Mose im Auftrag Gottes an, dass jede Familie ein Lamm schlachten, verzehren und mit dessen Blut die Türpfosten der Häuser bestreichen solle. Die mit Blut bestrichenen Pfosten dienten als Erkennungszeichen für den »Vernichter«, der in der Nacht des Auszuges umherging, um in den Familien der Ägypter den Erstgeborenen zu töten. Dadurch sollten die Ägypter veranlasst werden, die Israeliten ziehen zu lassen (Ex 12,1–50). Die Israeliten wurden damals vor dem Leben als Sklaven in Ägypten gerettet. Jesus rettet uns vor einem Leben als »Sklaven der Sünde« (Röm 6,1–14), indem er für uns sein Leben eingesetzt hat und wie ein Lamm geopfert wurde. Wichtig sind dazu die Bibelstellen 1 Kor 5,7; 1 Petr 1,19 und Offb 5,1–14; 7,10–17.

## Anregungen

- Bibelinfo: Bedeutung des Lammes in der Bibel.
- Besuch einer Schäferei.
- Gemeinsam Osterlämmer backen.

## Osterhase

Die Kirchenväter sahen im Hasen das Bild des schwachen und ängstlichen Menschen, der gejagt wird und der sich vor den Verfolgern auf den Felsen (Christus, Kirche) flüchtet. Eine Schrift aus dem 4. Jahrhundert, der Physiologus, deutet die Tatsache, dass die Hinterläufe des Hasen länger sind als seine Vorderläufe, so, dass der Hase nur bergauf rennen kann. So soll der Mensch nach oben, auf Christus hin streben, alles Irdische beiseitelassen und vor allem vor dem Bösen davonlaufen. (Phil 3,7–14) Dass der Hase mit dem Ei in Verbindung gebracht wird, ist wahrscheinlich auf eine Fruchtbarkeitssymbolik zurückzuführen.

### Anregungen

- Wir informieren uns über die Herkunft des Osterhasen. Gibt es ihn auch in anderen Ländern? Welche Tiere spielen hier und in anderen Ländern zu Ostern eine Rolle?
- Senior*innen lesen im Kindergarten oder in der Kindergruppe aus Oster(hasen)büchern.
- Gemeinsam Osterhasen backen.

### Osterfeuer

Wie das Wasser lebensnotwendig ist, so auch das Feuer. Es war immer schon Symbol der Sonne, die alles hell macht und Leben bringt, sodass eine Verbindung zwischen dem Feuer und dem Auferstandenen leicht zu ziehen ist. Es gibt aber noch weitere Anknüpfungspunkte: Feuer ist schwer zu erfassen, aber doch Wirklichkeit. Es greift um sich, verbreitet Licht und Wärme, verursacht aber auch Furcht und Erschrecken. So ist es auch mit dem Auferstandenen. Wir können ihn nur schwer fassen, dennoch ist er da. Zunächst erschrecken die Jünger vor der Osterbotschaft, dann aber werden sie davon ergriffen, spüren sie das Licht und die Wärme des Auferstandenen. (Mt 28,8–10; Lk 24,40; Joh 20,19–20)

### Anregungen

- Wer kennt Feuerbräuche, wie zum Beispiel Osterfeuer, Osterschießen, Fackelschwingen, und kann darüber erzählen?
- Feuer als Symbol für …

- Gespräch über die Symbolik von Licht und Finsternis.
- Die Herkunft des Feuers in der Mythologie.

## Osterkerze

In der Osternacht zündet der Priester am Osterfeuer die Osterkerze an. Sie wird beim Einzug in die Kirche vorangetragen, dazu der Ruf »Christus, das Licht« gesungen. In der Lesung Exodus 13,21 geht es um den Auszug der Israeliten aus Ägypten, der nun auf Jesus und die Christen gedeutet wird. Jesus führt uns durch das »Rote Meer«, durch das Dunkel des Sündhaften, des Todes, des Vorläufigen, des Unvollkommenen. Er zeigt den Weg. Wer mit ihm geht, findet nicht nur den Weg durch das Dunkel, sondern wird zum Licht. Alle Gläubigen halten Kerzen in der Hand, die ihr Licht von der Osterkerze erhalten. Die Osterkerzen und das Osterlicht brennen in den Häusern und Wohnungen. Sie erinnern an Jesus, das Licht, an das wir uns in allen Dunkelheiten halten können.

## Anregungen

- Gemeinsam Osterkerzen gestalten.
- Besuch einer Wachszieherei.
- Eine (Verkaufs-)Ausstellung von selbst gefertigten Osterkerzen.
- Das Osterlicht (Osterkerze) zu Krankenbesuchen, Gottesdiensten in Heimen oder Pflegestationen mitnehmen.
- Der Seniorenkreis stellt an Kriegerdenkmälern, Gedächtniskapellen, Marterln, Gedenksteinen und anderen Örtlichkeiten geschmückte Palmkätzchen oder ein Osterlicht auf.

## Osterwasser

Das Wasser ist ein Ursymbol für Leben. Es sorgt für Wachstum, reinigt und heilt, aber zerstört auch. Wichtiger Teil der Osternachtfeier ist die Wasserweihe, besonders dann, wenn die Taufe gespendet wird. Die Taufe bedeutet das Hineinnehmen in den Weg Jesu, den Weg, der durch die Höhen und Tiefen des Lebens führt und durch den Tod ins Leben.

(Röm 6,1–14; Gal 3,27; Kol 2,12) Die Gläubigen erneuern in der Osternacht ihr Taufversprechen: »Ich will Jesus folgen« und werden mit Wasser besprengt. Dieses Wasser ist Zeichen für Reinheit und für Leben. *Hinweis:* Siehe zum Thema »Taufe«, S. 29 ff.

### Anregungen
- Wer kennt Wasserbräuche zur Osterzeit?
- Wo gibt es Frühjahrsbrauchtum zu Quellen, Bächen, Brunnen?
- Wo wird in der Liturgie Wasser verwendet? Was bedeutet der Gebrauch von Wasser im Gottesdienst?
- Quellen oder Brunnen, deren Wasser Heilkraft zugeschrieben wird.

### Osterlachen
Das Ostergelächter gehörte im Mittelalter zur Osterliturgie. Ausgelacht wurden der Tod und der Teufel, die die Dummheit besessen hatten, zu glauben, stärker zu sein als Gott, aber durch die Auferstehung Jesu eines Besseren belehrt wurden. Offensichtlich ist es aber nur wenigen Predigern gelungen, gehaltvoll und zugleich humorvoll zu sprechen, sodass das Osterlachen in die Kritik erst der Reformation, dann der Aufklärung geriet und damit aus dem Osterbrauchtum verschwunden ist. Sein Anliegen aber ist geblieben. Die Osterbotschaft ist eine Botschaft, die froh macht. Sie lautet: »Liebe und Leben sind stärker als Hass und Tod.«

### Anregungen
- Ostereiersuchen für Omas, Opas und Enkelkinder im Pfarrgarten.
- Lesestunde mit heiterer Osterliteratur in der Pfarrbücherei.
- Erzählen Sie sich Anekdoten und lustige Begebenheiten aus Ihrer Kinder-, Volks-/Grundschul- oder Ministrantenzeit rund um das Osterfest!

### Osterspaziergang
Der Osterspaziergang ist eine Erinnerung an die Jünger, die nach der Kreuzigung Jesu Jerusalem verlassen haben und in ihren Heimatort

Emmaus zurückgingen. Während ihres Gehens begegnen sie dem Auferstandenen, der ihnen den Sinn seines Leidens erschließt und den Blick für neue Dimensionen des Lebens eröffnet. (Lk 24,13–35) Zahlreiche Pfarreien oder Gruppen laden zum Emmausgang ein. Miteinander über den Glauben ins Gespräch zu kommen, ist eine gute Möglichkeit, im Glauben zu wachsen.

## Anregungen

- Ein Emmausgang für alle mit Spielen rund ums Osterei: Eiersuchen, Eierlauf, Eierschieben, Eierwerfen, Eierpecken ...
- Ein Spaziergang oder Ausflug zu einer Kirche mit einem besonders gestalteten Heiligen Grab, einem Kalvarienberg, Nachbau der Grabeskirche ...
- Besichtigen einer Ausstellung von Ostereiern oder zu anderen österlichen Themen.

## In die Feiern einbeziehen

Die Gottesdienste in der Fastenzeit, in der Karwoche und an den Ostertagen bieten sich an, gemeinsam mit anderen oder an anderen Orten zu beten:

## Anregungen

- Kreuzwegandachten im Freien.
- Die Palmzweige werden am Seniorenheim gesegnet; die Palmprozession beginnt dort.
- Am Gründonnerstag versammeln sich die Gruppen zur Andacht an einem Ölberg.
- Der Karfreitagskreuzweg wird in einer Ortskapelle gebetet.
- Die Auferstehungsfeier beginnt oder endet am Friedhof oder am Kriegerdenkmal.

# Großeltern werden
## In eine neue Rolle hineinwachsen

### Mutter – Großmutter – Urgroßmutter

Eines Tages ist es klar, dass eine Mutter zur Großmutter wird. Eine neue Rolle beginnt. Oft entzünden sich Diskussionen über das Mutter- und Großmuttersein rund um den Muttertag. Für Frauen, in Familien und auch im Seniorenkreis ist er ein sensibles Thema. Traditionell gehört eine Muttertagsfeier einfach dazu. Manche warten darauf, am Muttertag gefeiert zu werden, andere mögen den Muttertag nicht, weil er ihrem Frauen- und Mutterbild nicht entspricht. Erinnerungen an die eigenen Mütter leben auf und auch die Frage nach der »guten Mutter« stellt sich. Auch gibt es eine gar nicht so kleine Zahl von Seniorinnen, die nicht Mutter sind. Typische Frauenberufe jedoch sind vielfach mit einer Mutterrolle verknüpft: Kindergartenpädagogin, Erzieherin, Sozialarbeiterin, Grundschullehrerin, Leih-Oma, Tagesmutter ... Frauen wachsen bei fremden Kindern oft in eine Mutter- oder Großmutterrolle hinein.

Der Muttertag ist in vielerlei Hinsicht in die Kritik gekommen: sein Anliegen sei kommerzialisiert, er tradiere ein überholtes Frauenbild, habe eine Alibifunktion für jene, die sich sonst nicht um ihre Mutter (Eltern) kümmern. Eine Möglichkeit, den Muttertag einmal anders zu begehen, ist, ihn zum Anlass zu nehmen, um über die veränderte Rolle der Frau, der Mutter oder Großmutter zu sprechen.

Diese hat sich in Gesellschaft und Kirche stark verändert. Eine junge Frau wächst heute anders in die Rolle der Mutter hinein als noch ihre Mutter, später auch in die der Großmutter. Dabei muss sie den Weg finden zwischen eigenen Vorstellungen und Ansprüchen – auch an sich selbst – und den Erwartungen, die andere an sie richten.

### Vater – Großvater – Urgroßvater

Es gibt zwar einen Vatertag, aber er hat lange nicht die Tradition des Muttertages. Jedoch gilt das eben über Mütter und die Mutterrolle Gesagte auch für Väter. Auch für sie gab es festumrissene Rollen, die lange nicht hinterfragt wurden. Erst im Gefolge des Zweiten Weltkrieges, als Frauen oft bisher typische Männerrollen übernehmen mussten, geriet dieses Rollenverständnis ins Wanken. Dass es bis in die jüngste Zeit weniger Großväter gab, ist ebenfalls eine Folge dieses Krieges. Wenn Männer heute Großväter werden, stehen sie vor der Herausforderung, ein Rolle ausfüllen zu müssen, für es nur wenige Vorbilder gibt. Sicher haben sie die eigenen Väter vor Augen, schätzen ihre guten Seiten, kennen ihre Schwächen und wissen um ihre Grenzen. Ob sie wirklich Identifikationsfiguren waren oder sein konnten, soll einmal dahingestellt bleiben. So bewegt sich gerade hier – allgemein gesehen wie individuell betrachtet – sehr viel.

## Anregungen

Die folgenden Anregungen zur eigenen Reflexion oder zum Austausch in Gruppen lassen sich sowohl auf die Mutter- und Großmutterrolle anwenden als auch auf die des Vaters und Großvaters.

- Muttertag – Vatertag
  - Wie sehen Sie in der Gruppe den Muttertag/Vatertag?
  - Wie haben Sie den Muttertag/Vatertag in der Vergangenheit erlebt?
  - Welcher Gedanke sollte beim Muttertag/Vatertag im Vordergrund stehen? Ganz allgemein und für Sie persönlich?
  - Sammeln Sie Wünsche zur Gestaltung des Muttertags/Vatertags in Ihrer Gruppe.
  - Sammeln Sie Fotos von Großmüttern und -vätern. Wie schaut die Großmutter, der Großvater aus, die Ihre Großmutter, Ihr Großvater sein könnte (Gesicht, Frisur, Kleidung, Haltung)? Wie hat sich das Aussehen einer Großmutter, eines Großvaters bis heute verändert? Wie fühlen Sie sich als Großmutter, als Großvater? Wie haben sich die Aufgaben und Erwartungen an die Oma, den Opa verändert?

- Suchen Sie nach Fotos von Ihrer Mutter, Ihrem Vater, ordnen Sie diese chronologisch und versetzen Sie sich in die Bilder:
  - Wer schaut Sie an?
  - Was spricht aus dem Gesicht dieser Frau, dieses Mannes?
  - Wie haben Sie als Kind, als junger Mensch, als Erwachsener Ihre Mutter, Ihren Vater erlebt?
  - Worin war Ihnen die Mutter, der Vater Vorbild, worin nicht?
  - Was haben Sie an ihr/ihm geschätzt, was nie verstanden?

- Überlegen Sie: Was habe ich von meiner Mutter (meinem Vater) ererbt?
  - Materielles,
  - Gegenstände, die meiner Mutter, meinem Vater, viel bedeuteten ...,
  - ein Andenken, das mir ganz besonders wertvoll ist,
  - Begabungen,
  - Unvermögen,
  - Stärken,
  - Schwächen.
  - Was habe ich versucht, anders zu machen?
  - Was ist mir an ihr besonders wichtig? Was ist ihr Vermächtnis an mich?
  - Was halten Sie von dem Ausruf: »Ganz die Mutter, ganz der Vater«?

- Ich werde (bin) Großmutter/Großvater – was war Ihr erster Gedanke?
  - Jetzt werde ich wirklich alt!
  - Darauf habe ich schon lange gewartet!
  - Endlich werde ich wieder gebraucht!
  - Damit muss ich erst fertigwerden!
  - Welch eine Freude!
  - Was möchte ich dem Enkelkind sein?

- Mutter – Großmutter/Vater – Großvater
  - Wer hat mich in meine Rolle als junge Mutter oder junger Vater und in die als Großmutter, Großvater begleitet?
  - Was hat mir geholfen, zu dieser Rolle ja zu sagen?
  - Worin sehe ich den Unterschied zwischen den beiden Rollen?
  - Was war als Mutter/Vater meine vordringliche Aufgabe? Wie sehe ich meine Rolle als Großmutter/Großvater?
  - Welchen Erwartungen war (bin) ich ausgesetzt? Auch eigenen!
  - Was könnte mir helfen, meine neue Rolle auszufüllen?

# Wachsen im Glauben

## Das Beispiel Maria

### Hinführung

Einer der vielen Titel, die Maria im Laufe der Jahrhunderte erhalten hat, ist »Mutter der Glaubenden«. Ihr Glaube bestand – wie ein Blick in die Bibel zeigt – nicht aus auswendig gelernten Sätzen, sondern aus der Bereitschaft, ihr Leben in den Dienst Gottes zu stellen und danach zu fragen, was er *jetzt* – in der ganz konkreten Situation – von ihr möchte. So ist ihr Glaube ständig gewachsen und konnte zum Fundament ihres Lebens werden. Wenn wir unter diesem Aspekt auf sie schauen, stellt sich ganz von selbst die Frage nach unserem Glaubensweg. Können wir sagen, dass uns Maria darin Mutter ist: Vorbild, Orientierung, Halt? Betrachten wir dazu einige Stationen aus ihrem Leben.

## Glaube setzt Vertrauen voraus

### Wort aus dem Evangelium

Verkündigung an Maria (Lk 1,26ff)

### Betrachtung

Gott spricht ein junges Mädchen an. Er hat etwas mit ihm vor, er braucht es für seine Pläne zum Heil der Menschen. Maria hört das Wort Gottes. Sie spürt, das, was Gott von ihr möchte, verändert ihr Leben. Die Fragen, mit denen sie sich sicher auseinandergesetzt hat, können wir uns vorstellen. Auch wir stellen sie uns, wenn etwas geschieht, was in unser Leben eingreift: Warum gerade ich? Verlangt Gott nicht etwas Unmögliches? Was habe ich davon, wenn ich auf Gott höre? Wie soll das gehen? Maria lässt sich auf Gott ein. Sie vertraut darauf, dass Gott nicht nur etwas möchte, sondern dass er auch die Kraft dazu gibt.

Ihr Vertrauen ist stärker als alle ihre Bedenken. Wie steht es um unser Vertrauen in Gott? Glauben wir, dass er im Leben mit uns geht?

**Gebet**

Großer Gott, du hast Maria vor eine schwere Entscheidung gestellt. Sie hat dir vertraut und war bereit, zu deinen Plänen Ja zu sagen. Auch uns sprichst du an und möchtest uns einen Weg führen. Er kann bewirken, dass unser Leben anders verläuft, als wir es uns vorstellen. Die Entscheidung für dich ist nicht leicht. Stärke in uns das Vertrauen, dass du mit uns gehst und weißt, was du tust. Darum bitten wir durch Christus, unseren Herrn. Amen.

Wir grüßen Maria und bitten sie um ihren Beistand:

A: Gegrüßet seist du, Maria ...

**Lied**

Maria, dich lieben (GL 521, 1)


# Glaube beruht auf tiefer Gottes-Erfahrung

**Wort aus dem Evangelium**

Maria besucht Elisabeth (Lk 1,39ff)

**Betrachtung**

Maria hat eine tiefe Gotteserfahrung gemacht. Sie möchte diese mit einem vertrauten Menschen teilen und besucht ihre Cousine Elisabet. Elisabet ist voll Freude über Maria. Maria, die noch ganz unter dem Eindruck ihres Erlebnisses steht, antwortet auf Elisabets Begrüßung mit einem Lobgesang auf Gott. Eine Gottesbegegnung verändert das Leben. Die Anfangsbegeisterung kann wieder schwinden. Maria spürt, wenn ich sie mit jemandem teile, der für Gottes Wege offen ist, wird sie wachsen.

## Gebet

Barmherziger Gott, du hast Maria aus allen Menschen erwählt zur Mutter deines Sohnes. Sie wird von Elisabet seliggepriesen, weil sie an deinen Heilsplan geglaubt hat. Auch uns hast du zu deinen Mitarbeiter*innen gerufen. Lass uns erkennen, wozu du uns erwählt hast, und lass in uns die Freude darüber nicht verloren gehen. Darum bitten wir durch Christus, unseren Herrn. Amen.

Wir grüßen Maria und bitten sie um ihren Beistand:
A: Gegrüßet seist du, Maria …

## Lied

Maria, dich lieben (GL 521, Str. 2: Dein Herz war der Liebe …)

## Glaube wächst

### Wort aus dem Evangelium

Die Hirten von Betlehem erzählen (Lk 2,17–20)

### Betrachtung

Was Gott Maria ankündigen ließ, ist eingetroffen: Sie hat Jesus geboren. Engel feiern ihn als Erlöser der Menschen, Hirten erzählen von ihm. Nach der Gottes- und Glaubenserfahrung, die Maria zu ihrem Lobgesang veranlasst hat, ist sie jetzt nachdenklich. Sie braucht Zeit, um sich mit allem, was geschehen ist, auseinanderzusetzen. Sie merkt, Gott verwirklicht, was er ankündigt. Er kennt kein Zurück. Auch sie kann ihr Ja nicht mehr zurücknehmen. Aber sie kann sicher sein, dass er ihren Weg – wohin dieser auch führt – mitgeht.

## Gebet

Guter Gott, dass wir zum Glauben gefunden haben, haben wir Menschen zu verdanken, die von dir berührt wurden und uns von dir erzählt haben. Dennoch mussten wir unseren eigenen Weg finden. Niemand kann uns unser Ja zu dir abnehmen. Das Ja, das wir einmal zu dir gesagt haben, lass in uns wachsen und mit ihm unseren Glauben und unser Vertrauen. Darum bitten wir durch Christus, unseren Herrn. Amen.

Wir grüßen Maria und bitten sie um ihren Beistand:
A: Gegrüßet seist du, Maria ...

## Lied

Maria, dich lieben (GL 521, Str. 3: Du Frau aus dem Volke)

## Glauben auch in schweren Stunden

### Wort aus dem Evangelium
Die Prophetie des Simeon an Maria (Lk 2,34ff)

### Betrachtung
Immer wieder hat Maria in ihrem Leben Schweres hinnehmen müssen. Schmerz, Leid, Enttäuschung blieben in ihrem Leben nicht aus. Mögen auch andere Menschen sie nicht verstanden haben, manches Verhalten Jesu sie enttäuscht und viele Schicksalsschläge sie verunsichert haben – ihren Glauben konnte all das nicht mehr in Frage stellen. Die Worte des Engels, »Der Herr ist mit dir«, haben sich auch im Leid bestätigt.
Was hält uns in schweren Situationen? Stellen sie unser Gottvertrauen auf die Probe? Tragen sie dazu bei, dass Gott zum Fundament des Lebens wird?

**Gebet**

Lebendiger Gott, Maria hat in ihrem Leben Prüfungen, Enttäuschungen und Schmerzen erlitten. Ihr Vertrauen auf dich hat geholfen, diese auszuhalten. Der Blick auf Maria hilft uns, unseren Glauben zu vertiefen und den Blick auf dich auch in schweren Stunden nicht zu verlieren. Wir sind dafür dankbar, heute und alle Tage und in alle Ewigkeit. Amen.

Wir grüßen Maria und bitten sie um ihren Beistand:
A: Gegrüßet seist du, Maria ...

**Lied**

Maria, dich lieben (GL 521, Str. 4: Du hast unterm Kreuze)

## Fester Glaube

### Wort aus dem Evangelium
Die Hochzeit zu Kana (Joh 2,1ff)

### Betrachtung
Ein Brautpaar ist in eine peinliche Situation geraten, aus der ihm offensichtlich niemand heraushelfen kann. Maria ist davon überzeugt, dass Jesus helfen kann, auch wenn es zunächst nicht danach aussieht, als sei er dazu bereit. Ihr Glaube ist so gewachsen, dass sie sich durch nichts – auch nicht durch Jesu schroffe Antwort – irritieren lässt. Auf einen Menschen, der ein mitfühlendes Herz hat, der sich in seinem Vertrauen nicht beirren lässt, kommt es Jesus an. Menschen mit einem solchen Glauben kann er nicht abweisen.

### Gebet
Gütiger Gott, Maria hat sich in Kana als Fürsprecherin an Jesus gewandt. Ihr Glaube lässt sie sicher sein, dass er hilft. Wir bewundern

diesen Glauben. Der Glaube Marias möge uns auch auf unserm Glaubensweg bestärken, unser Vertrauen in die Kraft Jesu zu setzen. Darum bitten wir durch ihn, Christus, unseren Herrn. Amen.

Wir grüßen Maria und bitten sie um ihren Beistand:
A: Gegrüßet seist du, Maria ...

## Lied
Maria, dich lieben (GL 521, Str. 5: Du Mutter der Gnaden)


## Mutter der Glaubenden

### Wort aus dem Evangelium
Eine Frau aus der Menge preist Maria selig (Lk 11,27–28)

### Betrachtung
Eine Frau aus der Menge ist von den Worten Jesu beeindruckt. Sie folgert, dass auch die Mutter Jesu ein außergewöhnlicher Mensch sein muss, dem Bewunderung und Anerkennung gebührt. Jesus widerspricht ihr nicht, weist sie aber ausdrücklich darauf hin, dass auch sie und alle anderen erreichen können, was sie an Maria so bewundert. Maria hat es verstanden, auf Gott zu hören und ihm ohne Einschränkungen ihren Glauben und ihr Vertrauen geschenkt. Wer sich von ihrem Beispiel inspirieren lässt, ist auf einem guten und richtigen Weg.

### Gebet
Liebender Gott, wir sagen, dass wir an dich glauben, doch manchmal genügt nur ein kleiner Anlass und wir werden unsicher oder geraten in Gefahr, den Glauben zu verlieren. Dann stelle uns das Beispiel Marias vor Augen. An ihm wollen wir uns orientieren und immer mehr im Glauben wachsen. Darum bitten wir durch Christus, unseren Herrn. Amen.

Wir grüßen Maria und bitten sie um ihren Beistand:
A: Gegrüßet seist du, Maria …

## Lied

Maria, dich lieben (GL 521, Str. 6: Von Gott über Engel und Menschen gestellt)

## Fürbitten und Dank

Herr Jesus, du hast deine Jünger ausgesandt und sendest uns Christen aus, unseren Glauben in die Welt zu tragen. Wir bitten dich:
– Für alle, die anderen den Glauben vermitteln:
   A: Sei bei ihnen!
– Für alle, die ihren Glauben im Stillen und selbstverständlich praktizieren:
   A: Sei bei ihnen!
– Für alle, die den Glauben an dich verloren haben:
   A: Sei bei ihnen!
Herr Jesus, wir schließen in unser Gebet auch ein:
– Alle Menschen, denen wir unseren Glauben verdanken, und danken für sie:
   A: Wir danken für sie.
– Alle jungen Menschen, die heute den Glauben in die Welt tragen, und danken für sie:
   A: Wir danken für sie.
– Alle Menschen, die uns im Glauben vorausgegangen sind, und danken für sie:
   A: Wir danken für sie.
Herr Jesus, höre unsere Bitten, nimm an unseren Dank und unser Lob. Der Glaube möge weiter in uns wachsen und reifen und Halt in unserem Leben bleiben. Dir sei Ehre in Ewigkeit. Amen.

**Lied**

Maria, Mutter unsres Herrn (GL 530)

**Wechselgebet**

Maria, du warst in deinem Leben ganz auf Gott ausgerichtet.
V/A: Hilf uns, zu glauben wie du!

Maria, du hast auf die Botschaft des Herrn gehört.
V/A: Hilf uns, zu hören wie du!

Maria, du hast Gott und seinen Wegen vertraut.
V/A: Hilf uns, zu vertrauen wie du!

Maria, du hast Unbegreifliches angenommen.
V/A: Hilf uns, mutig zu sein wie du!

Maria, Mutter des Herrn,
V/A: Hilf uns, zu glauben wie du!

Maria, du hast Gott geliebt mit allen deinen Kräften und ihm ein Loblied gesungen. Mit dir preisen wir den dreifaltigen Gott:
Ehre sei dem Vater …

## Segensbitte

Unser Gott und Vater, der Maria auserwählt hat, begleite uns heute und alle Tage.

Er mache uns fest im Vertrauen und dankbar für den Halt unseres Glaubens.

Er behüte uns und alle Menschen, die uns verbunden sind, durch seine Liebe.

Es segne uns und alle, für die wir beten, Gott, der Vater …

## Lied

Maria, breit den Mantel aus (GL 534)

## Anregungen

- Verwenden Sie die Betrachtungen zu den Evangelien als Einstig zu einem besinnlichen Nachmittag über Maria und ihren Glaubensweg. Können Sie sich der kirchlichen Tradition anschließen und Maria als Vorbild im Glauben verstehen?
- Formulieren Sie die vorgeschlagenen Texte und Gebete so um, dass sie für Sie stimmig sind!
- Welche Marienlieder entsprechen dem biblischen Bild von Maria, welche nicht? Kennen Sie weitere Lieder, die zu den hier ausgewählten Stellen aus dem Evangelium passen?
- Suchen Sie Bilder zu den einzelnen Evangelien und versuchen Sie herauszufinden, welchen Akzent der Künstler setzt. Wenn Sie ein Bild dazu malen sollten, worauf würden Sie besonderen Wert legen?
- Stellen Sie aus den Texten – oder aus anderen, die Sie kennen – eine Gebetszeit zusammen und schließen Sie den Nachmittag damit ab.

# Glaube, der trägt
## Vom Kinderglauben zum Glauben

Die Grundlage jeder Beziehung – so die Psychologie – ist Vertrauen. Ein Baby geht selbstverständlich davon aus, dass die Eltern, vor allem die Mutter, in Rufweite sind. Vertrauen ist auch die Grundlage jeder Gottesbeziehung. Der Glaube ist das Vertrauen auf einen Gott der, vergleichbar den Eltern, da ist. Jede Beziehung aber ist Veränderungen unterworfen. Soll eine Beziehung im Lauf des Lebens standhalten, muss sie gepflegt und immer wieder neu bestimmt werden. Was aber auf jede Beziehung zwischen Menschen zutrifft, gilt auch für die Beziehung des Menschen zu Gott. Soll sie für das ganze Leben tragfähig sein, muss sie gepflegt und an ihr gearbeitet werden.

Kinder erfahren von Gott durch ihre Eltern oder andere Bezugspersonen. Bis etwa zum Kindergartenalter ist er für sie weitgehend eine Fantasiegestalt, die nach und nach – durch das Erzählen von biblischen Geschichten – Konturen erhält. Die biblischen Geschichten deuten die Kinder aus ihrer Erfahrung mit den Menschen, die sie kennen. Im Grundschulalter beginnen sie ein eigenes Weltbild zu entwerfen. Nun fragen sie konkret nach, wie Gott aussieht, wo er wohnt, was er tut, wie er zu den Menschen steht. Aus den Antworten, die sie erhalten, ziehen sie ihre eigenen Schlüsse, die für Erwachsene oft nur schwer nachvollziehbar sind. Sie beschäftigen sich dabei auf ihre Weise mit den großen Fragen der Menschen: »Woher komme ich, wohin gehe ich, was ist der Sinn meines Lebens?« und stellen Fragen. Hier wiederum können Großeltern gute Gesprächspartner sein.

Wenn Großeltern mit Kindern über den Glauben sprechen möchten, sollten sie dies in Absprache mit den Eltern tun. Stimmen Eltern und Großeltern überein, ist dies für die Kinder die Bestätigung dessen, was ihnen vertraut ist. Tun sie das nicht, ist es ein Gegenvorschlag, mit dem sich die Kinder auseinandersetzen müssen. Mit der Pubertät werden die Fragen konkreter. Sie drehen sich um den Sinn des Lebens, um den Sinn dessen, was Jugendliche erleben und was ihnen vorgelebt wird. Auf ihre Fragen möchten sie eine glaubhafte, nachvollziehbare Antwort. Dies betrifft religiöse Fragen, aber auch ethische und moralische. Akzeptable Antworten bestehen hier weniger aus wortreichen Erklärungen, sondern schlicht und einfach durch Vorbildsein. Die Kinder und Jugendlichen müssen spüren, dass den Großeltern der Glaube wertvoll und wichtig sowie wesentlich ist, für ihre Art zu leben. Dies zeigt sich in der Gestaltung des Alltags, im Umgehen mit den täglichen Problemen, im menschlichen Miteinander, in der Atmosphäre der Wohnung, in der Beziehung zur Kirche bzw. Pfarrgemeinde, in der Feier der religiösen Feste, in Gebetszeiten, in der Art und Weise, über andere Menschen zu sprechen, und vielem mehr.

## Anregungen

- Reflektieren Sie – für sich selbst, mit einem Gesprächspartner*in oder in der Gruppe – Ihren Glaubensweg:
  - Wie erinnere ich mich an meinen Kinderglauben?
  - Woran halte ich auch jetzt fest? Was ist gut, dass es sich weiterentwickelt hat?
  - Wer hat mich in meiner Kinder- und Jugendzeit im Glauben begleitet?
  - Was davon möchte ich meinen Enkelkindern weitergeben, was nicht?

- Suchen Sie Fotos, die Ihre Glaubensgeschichte erzählen: Taufe, Erstkommunion, Firmung, Feiern im Kindergarten, Ministrantenzeit, Weihnachten, Fronleichnamsprozessionen, Hochzeit, Taufe der Kinder, Engagement im kirchlichen Bereich.
  - Welche Erinnerungen und Gedanken kommen Ihnen? Was möchten Sie in Ihrer Seniorengruppe davon erzählen?
  - Schauen Sie die Fotos mit Ihren Enkelkindern an.
  - Laden Sie größere Enkelkinder zu einem Austausch in Ihre Gruppe ein.

- Sprechen Sie in der Seniorenrunde über den Glauben. Warum ist er Ihnen wichtig?
  - Was verdanke ich dem Glauben?
  - Was bewirkt der Glaube in mir?
  - Was möchte ich meinen Nachfahren über den Glauben mitgeben?
  - Welche Menschen sind mir als Beispiele für den Glauben wichtig?

- Formulieren Sie in der Seniorenrunde Fragen, die Ihnen Kinder oder Jugendliche stellen (könnten), und beantworten Sie diese:
  - Ich möchte gerne wissen, warum Oma und Opa sonntags in die Kirche gehen.
  - Wie tut man beim Beten?
  - Wie hat dir der liebe Gott geholfen, als du so krank warst?
  - Was bringt dir eigentlich dein Glaube?

- Im Buchhandel gibt es ein großes Angebot von Kinderbibeln. Laden Sie in Ihre Gruppe eine/n Mitarbeiter*in der Pfarrbücherei, eine/n Buchhändler*in, eine/n Religionslehrer*in ein, der/die darüber informiert:
  - Welche Bibel ist für welche Altersgruppe geeignet?
  - Worauf legt die eine oder andere Bibelausgabe besonderen Wert?
  - Welche spricht mich besonders an und warum?
  - Welche Bibel könnte mein Enkelkind ansprechen?

- Ein Nachmittag beschäftigt sich mit Bibelausgaben:
  - Bringen Sie Ihre Kinderbibel mit. Zu welchem Anlass haben Sie sie erhalten?
  - Was bedeutet Ihnen Ihre Kinderbibel heute? Verwenden Sie sie jetzt noch?
  - Was unterscheidet meine Kinderbibel von heutigen Bibelausgaben für Kinder?
  - Wann haben Sie die Kinderbibel beiseitegelegt, um in der »richtigen« Bibel zu lesen?

- Lesen Sie eine bestimmte Stelle aus verschiedenen Bibelausgaben vor. Welche Unterschiede gibt es? Welche Gedanken und Vorstellungen löst die eine und die andere Fassung aus?

- Überlegen Sie, welche Bibelgeschichten Ihr Enkelkind gerne hört. Lesen Sie ihm die Geschichte vor, lassen Sie sich dann die Geschichte von ihm erzählen und versuchen Sie, die Geschichte mit dem Spielzeug, das im Kinderzimmer herumliegt, darzustellen. Spielen Sie mit dem Kind die Szene mit verteilten Rollen und stellen Sie Fragen: Was denkt sich wohl die Mutter des kleinen Mose? Wie können wir uns das Leben in der Arche Noach vorstellen? Wie mag sich Zachäus auf dem Baum fühlen?

- Gehen Sie mit dem Kind in Ihrer Wohnung/Ihrem Zimmer auf Entdeckungsreise.
  - Welche Gegenstände, welche Dekoration haben mit der Bibel, mit dem Glauben zu tun?
  - Gestalten Sie die Entdeckungsreise als Spiel nach dem Muster von »Ich seh etwas, was du nicht siehst« oder mit Hinweisen wie »kalt« und »warm«.
  - Erzählen Sie, warum diese Gegenstände in der Wohnung einen Platz haben, warum Sie sie schätzen, was fehlen würde, wenn es sie nicht gäbe.

- Besuchen Sie – möglichst zu einer ruhigen Tageszeit – mit Ihrem Enkelkind eine Kirche und lassen Sie die Stimmung auf sich wirken.
  - Welche Stimmung herrscht im Raum? Woher kommt sie?
  - Was erinnert mich an zu Hause, was ist so ganz anders?
  - Welchen Sinn haben Weihwasserbecken, Kniebank, ewiges Licht, Kerzen, Blumen?
  - Gibt es Bilder und Darstellungen von biblischen Ereignissen, die das Kind schon kennt?

- Besuchen Sie dieselbe Kirche zu unterschiedlichen Tageszeiten. Was ist anders? – Wann komme ich lieber?
- Welche Unterschiede gibt es zwischen der einen und der anderen Kirche?

- Sprechen Sie in Ihrer Seniorengruppe über Rituale in der Familie. Schreiben Sie die Tages- bzw. Jahreszeiten auf Kärtchen (für jede Tages- bzw. Jahreszeit eine eigene Karte) und verteilen Sie diese.
  - Lassen Sie die zu den Tages- und Jahreszeiten praktizierten Rituale darauf schreiben und tauschen Sie Ihre Erfahrungen aus.
  - Welche Rituale hatten in Ihrer Familie eine besondere Bedeutung?
  - Welche haben Ihre Kinder für ihre Familie übernommen? Welche sind neu dazu gekommen?
  - Welche gibt es nur bei Oma und Opa? Sind sie deshalb besonders interessant?
  - Welche können Sie weiterempfehlen? Wo sind ihre Chancen und Grenzen? Welches Ritual verwenden Sie gerne?
  - Jede Familie hat ihre eigenen Rituale. Kinder lieben sie und fordern sie ein, für Jugendliche sind sie eher peinlich. Stimmen Sie zu?

- Setzen Sie sich mit Ihrer Gruppe zu einem Austausch zum Thema »Bräuche« zusammen.
  - Welche Bräuche werden in Ihrer Familie gepflegt?
  - Wie gestalten Sie Feste, Geburtstage, Schulbeginn, Ferienende, Besuche?
  - Gibt es Gepflogenheiten, die zu bestimmten Zeiten oder Anlässen des Jahres Tradition haben?
  - Manche Feste laufen – solange man sich erinnern kann – nach einem bestimmten Muster ab. Was spricht dafür oder dagegen, es so zu belassen?
  - Viele Bräuche haben einen christlichen Ursprung. Ist dies immer so bewusst? Wie kann man daran erinnern, ohne dass es peinlich ist?

## Abschluss einer Austausch-Runde

*Bereit sein*
Den rechten Augenblick
abwarten
erkennen
ergreifen

Im rechten Augenblick
handeln
reden
umarmen

Im rechten Augenblick
zuhören
schweigen
loslassen

Im rechten Augenblick
offen sein
bereit sein
da sein

# Wachsen
## Bildbetrachtung

Ein Baum ist faszinierend:
Er wächst aus einem Samen
Er entwickelt Stamm und Äste
Er treibt Blätter und Blüten
Er trägt Früchte und Samen

Ein Mensch ist faszinierend:
Er entwickelt sich aus einem Samen
wird vom Kind zum Jugendlichen
vom Jugendlichen zum Erwachsenen
vom Werdenden zum Werdenden

Bäume und Menschen sind faszinierend:
Sie entfalten sich
strecken sich nach oben
tragen Früchte
wachsen ein Leben lang

Menschen, Bäume und Früchte sind faszinierend:
Menschen und Bäume bringen Früchte
Früchte werden zu Samen
fallen ins Dunkel
und wachsen wieder zum Licht

Samen sind faszinierend:
Wo niemand es vermutet
wo niemand es glaubt
gehen sie auf
»Leben ist stärker«

Leben ist faszinierend:
Wachsen
sich ausstrecken
Vollendung ersehnen
Vollendung erfahren

»Eines aber tue ich: Ich vergesse, was hinter mir liegt,
und strecke mich nach dem aus, was vor mir ist.
Das Ziel vor Augen, jage ich nach dem Siegespreis:
der himmlischen Berufung, die Gott uns
in Christus Jesus schenkt.« (Phil 3,14)

## Anregung

Suchen Sie zu dem Text »Wachsen« ein passendes Bild und gestalten Sie damit eine Postkarte zum Verteilen, ein Plakat für einen Schaukasten, für die Seniorenseite im Pfarrblatt oder für die Homepage der Senioren-Einrichtung, in der Sie tätig sind!

# II Reifen

# Der Sommer
## Zeit des Reifens

Der Sommer ist der Höhepunkt, auf den das Jahr zugeht. Er ist die Zeit des Reifens, aber auch des ersten Pflückens, zudem auch eine Zeit der Gegensätze: Eine Schönwetterperiode endet mit einem heftigen Gewitter, auf das ein Kälteeinbruch folgt. Eine Hitzewelle vermittelt einerseits ein richtiges Sommergefühl, führt aber zu Erstarrung und Dürre, wenn sie zu lange anhält. Der eine freut sich auf den Sommer und die sommerlichen Urlaubswochen, in der er »die Seele baumeln lassen kann«. Die andere mag ihn nicht, weil er – eben deswegen – für sie ein Mehr an Alleinsein bedeutet, denn manch regelmäßiger Besucher, der Abwechslung in den eintönigen Tag bringt, fällt wegen der Urlaubszeit für einige Wochen aus. Der Sommer meines Lebens ist die Zeit, in der ich zunächst aus dem Vollen schöpfen kann. Viel von dem, was ich einmal begonnen habe, ist herangewachsen. Es ist eine Freude, die Fortschritte zu beobachten! Da kommt immer wieder Neues auf mich zu. Die Kinder sind größer geworden, die Beziehung zu ihnen muss anders werden. Neue Beziehungen wie zum Beispiel Schwiegerkinder mit ihren Herkunftsfamilien, bald auch Enkelkinder, kommen dazu. Die Beziehung zum Partner, zur Partnerin, sollte neu gesehen werden. Eine große Herausforderung! Doch während ich aus dem Vollen schöpfe und manchmal glaube, die Zeit sei stehengeblieben und es könne immer so weitergehen, fühle ich mich doch manchmal müde. Die Erwartungen und Gegensätze, denen ich ausgesetzt bin – beruflich, familiär oder durch freiwilliges Engagement –, sind groß. Ein Gefühl des »Zuviel« stellt sich ein, langsam denke ich daran, einmal nein sagen zu müssen.
Der Sommer beginnt und endet oft unauffällig. Heiße Frühlingstage gehen unmerklich in den Sommer über, und hatte ich eben noch das Gefühl, dass die Zeit stillsteht, kündigt sich schon der Herbst an. Der Übergang von der Jugend ins Erwachsensein vollzieht sich oft unmerklich, und obwohl ich mich lange noch nicht alt fühle, spricht mich je-

mand mit »Oma« oder »Opa« an. Ist es dann nicht an der Zeit, die in jungen Jahren einmal überlegte Lebensplanung zu überdenken? Entscheidungen zu treffen, vielleicht nicht sofort, aber doch in nicht allzu ferner Zeit? Besteht der Sinn des Lebens darin, »gebraucht zu werden«? Wenn ja – wofür? Im Sommer gilt nicht nur für die Pflanzen, sondern auch für die Menschen: sich einlassen, sich öffnen, verwandeln lassen, sich mit Veränderungen arrangieren, aber auch Geduld zu haben. Dazu braucht es Sonne und Regen, Schönwetterperioden und heftige Gewitter, Menschen und Ereignisse, die herausfordern, aber auch bestätigen. Gerne möchte ich sein ... gerne möchte ich noch werden ...

Gerne möchte ich der Baum sein,
von dem man sagt:
an ihm sind viele
gute Früchte gereift.

Gerne möchte ich der Weinstock sein,
von dem man sagt:
an ihm waren
süße Trauben.

Gerne möchte ich der Bach sein,
von dem man sagt:
er war
voll mit gutem Wasser.

Freuen möchte ich mich
über das, was gelungen ist,
ich kann es anbieten,
wo es fehlt.

Freuen möchte ich mich
und dankbar sein
für alles,
an dem ich gereift bin.

Auf das, was noch heranreift,
freue ich mich
und wünsche allen
eine gute Ernte.

# Lasst beides wachsen bis zur Ernte
## Bibelarbeit zum Gleichnis vom Unkraut im Weizen

**Vorbereiten**

Text des Gleichnisses

Schreibpapier und Stifte für alle

Arbeitsblätter mit den Impulsfragen für alle

»Gotteslob«

**Gebet**

Herr, öffne unser Herz,

damit wir dein Wort vernehmen.

Dein Wort, o Herr, ist Wahrheit,

heilige uns durch die Wahrheit.

(vgl. Apg 16,14, Joh 14,6)

**Bibeltext**

Das Gleichnis vom Unkraut unter dem Weizen (Mt 13,24–30)

**Deutung des Gleichnisses**

Was sagt uns das Gleichnis im Blick auf unseren Lebens- und Glaubens-weg? Das Pflänzchen des Glaubens, das in uns aufgegangen ist, ist wei-tergewachsen. Es muss sich nun im Leben behaupten. In der Welt gibt es immer wieder feindliche Mächte, die dieses Wachstum behindern oder das Pflänzchen gar vernichten wollen. Oft sind dabei das Gute und das Böse über längere Zeit hin nicht voneinander zu unterscheiden. Manch-mal verbirgt sich das Böse lange Zeit hinter der Maske des Guten, oder etwas, was Anlass zu großen Hoffnungen gegeben hat, wo viel Arbeit hinein investiert wurde, erweist sich als Irrweg. Manchmal muss man aber auch lange warten, bis etwas eindeutig geworden und ein Urteil oder eine Entscheidung möglich ist. Was ist das Beruhigende, Tröstliche des Gleichnisses? Gott sät das Gute und lässt es wachsen. Das Gute ist auch am Ende da. Das Böse ist zwar Wirklichkeit – das zu ersticken die Kräfte des heranwachsenden Weizens nicht ausreichen –, aber letztlich eine vorübergehende Erscheinung, es muss aber zeitlebens ausgehalten werden. Der Gutsherr hat da einen langen Atem. Auch scheint er sich ganz sicher, dass das Böse das Gute nicht ersticken wird. Wichtiger ist ihm, dass nicht vorzeitig und versehentlich das Gute mit dem Bösen ausgerissen wird. Erst, nachdem er es lange beobachtet hat und er sich seiner Sache ganz sicher ist, sortiert der Gutsherr das Böse aus. Also ist Geduld angesagt, nicht vorschnelles, übereifriges Urteilen und Handeln.

**Betrachten wir das Gleichnis aus unterschiedlichen Perspektiven**
Schauen wir zunächst auf die handelnden Personen: der Mann, der aussät – der später Gutsherr genannt wird –, sein Feind, die Knechte und die Arbeiter, und versetzen wir uns schrittweise in das ganze Geschehen.

- Versetzen wir uns in den Gutsherrn in uns, der seinen Acker bestellt:
    - Wo habe ich ausgesät?
    - Was wollte ich aussäen?
    - Was ist daraus geworden?
    - Was kann ich ernten? Worauf freue ich mich?

- Versetze ich mich in die Rolle des Ackers:
    - Wer hat auf mir Saatgut ausgestreut? Welches?
    - Konnte dieses Saatgut keimen und wachsen?
    - In welche Richtung?
    - Woran bin ich gewachsen?

- Wende ich das Gleichnis auf mich und meinen Glauben an:
    - Wer hat den Glauben in mir eingesät?
    - Was hat mich vom Glauben abbringen wollen? Am Glauben irritiert?

- Was hat meinen Glauben reifen lassen?
- Was erhoffe ich mir von meinem Leben aus dem Glauben?

- Wende ich das Gleichnis auf meine Hoffnungen und Wünsche an:
  - Hat mir der Glaube im Leben Halt gegeben? Habe ich das jemals von ihm erwartet?
  - Meine Bemühungen und Versuche, den Glauben weiterzusagen: Wie sind sie gelungen?
  - Wie gehe ich mit meinen Hoffnungen um, wenn sie enttäuscht werden?
  - Was sollte eintreten, wenn ich am Ende meiner Kräfte, meiner Ideen, meiner Geduld angekommen bin?

*Hinweis:* Das Gleichnis eignet sich auch gut für ein Bibliodrama oder einen Bibliolog, doch bedarf es dazu der Anleitung einer darin ausgebildeten Person.

## Gebet

Gott, gib mir die Gnade, mit Gelassenheit die Dinge hinzunehmen, die ich nicht ändern kann, den Mut, die Dinge zu ändern, die ich ändern kann, und die Weisheit, das eine vom anderen zu unterscheiden, sodass ich jeden Tag für sich nehme; jeden Augenblick für sich genieße, Probleme akzeptiere als Weg zu innerem Frieden – wie Jesus es tat: diese Welt so zu nehmen, wie sie ist, und nicht so, wie ich sie gerne hätte – im Vertrauen darauf, dass Gott alles gut machen wird, wenn ich mich seinem Willen hingebe. Dann werde ich in diesem Leben so glücklich sein, wie es auf Erden möglich ist, und über alle Maßen glücklich bei ihm in der Ewigkeit. Amen.

Nach Reinhold Niebuhr

**Lied**

»Gott gab uns Atem, damit wir leben« (GL 468)

**Anregung**

Das Unkraut, von dem im Gleichnis gesprochen wird, ist der Taumel-Lolch. Er sieht dem Weizen zum Verwechseln ähnlich, wird aber häufig von einem giftigen Pilz befallen. Gerät ein so vergiftetes Unkraut in das Mehl, ist alles vergiftet. Auf den ersten Blick gleicht sich das Handeln des Gutsherrn und das des Feindes. Erst viel später zeigt sich die schädliche Wirkung des feindlichen Handelns. Genau hinzuschauen und zu unterscheiden ist lebenswichtig! Schauen wir immer genau genug hin, wenn jemand etwas verspricht oder etwas behauptet? Wie groß ist die Gefahr, jemandem auf den Leim zu gehen? Sich zu etwas verleiten zu lassen, dessen Konsequenzen nicht absehbar sind? Welche Erlebnisse kenne ich dazu? (Stichworte: Leichtgläubigkeit, perfides Handeln, arglistige Täuschung, vorschnelles Handeln ...) Was kann ich daraus folgern, welche Konsequenz ziehen? Welche Erfahrung möchte ich weitergeben? Was kann ich jemandem raten?

# Das Jahr steht auf der Höhe

Gedanken zur Mitte des Jahres

### Hinführung

Der Juni gehört zur schönsten Zeit des Jahres. In diesem Monat fällt auch der Sommeranfang. Das Jahr erreicht einerseits seinen Höhepunkt. Dazu gehören Urlaub und Ferien und mit ihnen Lebensfreude, andererseits werden die Tage, wenn es auch noch kaum jemand bemerkt, bereits kürzer. Der Gedanke daran stimmt manche Menschen traurig. Sie denken an kommende dunkle Tage und daran, dass alles ein Ende hat. Es stellt sich die Frage nach dem, was bleibt.

In die Mitte des Jahres fällt der Geburtstag Johannes' des Täufers. Mit ihm wurden große Erwartungen verbunden. Seine Geburt bedeutete für seine Eltern die Erfüllung einer so gut wie verloren gegangenen Hoffnung. Die Menschen seiner Zeit knüpften an ihn große Erwartungen. Er selbst hat auf Jesus verwiesen: »Jener muss wachsen, ich aber abnehmen.« (Joh 3,30)

Die Jahresmitte ist einerseits lange erwartet. Sie bringt viel Schönes mit sich, das zweite Halbjahr hält auch noch viel Schönes bereit. Sie erinnert aber auch daran, dass alles zu Ende geht, und fordert auf, nach dem Ausschau zu halten, was niemand nehmen kann.

Mit der Jahresmitte und ihrer Botschaft für das Leben befasst sich das Lied GL 465: »Das Jahr steht auf der Höhe ...«

### Liedbetrachtung

*Das Jahr steht auf der Höhe, die große Waage ruht.*
*Nun schenk uns deine Nähe und mach die Mitte gut.*
*Herr, zwischen Blühn und Reifen und Ende und Beginn.*
*Lass uns dein Wort ergreifen und wachsen auf dich hin.*

Die Mitte des Jahres ist angebrochen, das Sternbild des Sommers, die große Waage, am Himmel sichtbar. Es ist hier Sinnbild für die Zeit: Nach dem Aufbruch des Frühlings scheint sie stillzustehen. Bald aber wird klar, die eine Hälfte des Jahres ist vergangen. Doch es gibt noch eine zweite Hälfte. Nach dem Aufbruch des Frühlings folgt eine Phase des Werdens und Reifens. Diese liegt nun vor uns, bedeutet Zukunft und Perspektiven, braucht aber auch Orientierung. Nach christlichem Verständnis ist Zeit nicht die Wiederholung des immer Gleichen, sondern zielgerichtet auf Jesus, das Leben der Menschen ist auf ihn ausgerichtet. Johannes sagt es: »Jener muss wachsen, ich aber abnehmen.« (Joh 3,30)

*Kaum ist der Tag am längsten, wächst wiederum die Nacht.*
*Begegne unsren Ängsten mit deiner Liebe Macht.*
*Das Dunkle und das Helle, der Schmerz, das Glücklichsein*
*nimmt alles seine Stelle in deiner Führung ein.*

Nach dem längsten Tag des Jahres werden die Tage – wenn auch unmerklich – wieder kürzer und die Nächte länger. Damit tauchen neu Gedanken über Vergänglichkeit, von Abschiednehmen und Loslassen auf. Die Fragen, die sich damit verbinden, haben schon immer die Menschen beschäftigt. Sie sind zum Schluss gekommen, dass alles auf Erden seinen Sinn, seinen Wert und seine Zeit hat. Der Mensch kann dies alles nie ergründen. Das Beste für ihn ist, dankbar zu sein für alles, was ihm geschenkt wurde, für das Gute, das geworden ist, und sich für die Zukunft dem Schöpfer anzuvertrauen, der alles gut gemacht hat.

*Das Jahr lehrt Abschied nehmen schon jetzt zur halben Zeit.*
*Wir sollen uns nicht grämen, nur wach sein und bereit,*
*die Tage loszulassen und was vergänglich ist,*
*das Ziel ins Auge fassen, das du, Herr, selber bist.*

Der Jahreslauf ist vergleichbar mit einer Reise. Bei einer Reise folgt eine Begebenheit auf die andere, ein Erlebnis löst das andere ab, der Abschied von dem einen bedeutet, aufbrechen zu etwas anderem. Bei einer

Reise sind wir dazu bereit, sind neugierig auf das, was kommt, freuen uns auch auf das Ziel. Ist das bei unserer Lebensreise auch so? Wir haben im Leben viele Ziele, auch für die zweite Jahres- oder Lebenshälfte. Wir können diese Ziele erreichen, wenn wir in der Liebe Jesu Christi bleiben und auf ihn zugehen. Dies gibt immer wieder Kraft. (Röm 8,38f; Phil 3,14.20f)

*Du wächst und bleibst für immer, doch unsere Zeit nimmt ab.*
*Dein Tun hat Morgenschimmer, das unsre sinkt ins Grab.*
*Gib, eh die Sonne schwindet, der äußre Mensch vergeht,*
*dass jeder zu dir findet und durch dich aufersteht.*

In seiner letzten Strophe wird das Lied zum Ausdruck des Vertrauens. Während das Tun des Menschen keine Zukunft hat, hat das Wirken Gottes immer etwas Frisches, Morgendliches. Die Natur gibt dazu viele Beispiele, etwa wenn im Herbst an manchen Sträuchern schon die Knospen zu sehen sind, die im nächsten Frühjahr aufblühen. Ein halbes Jahr nach dem Festtag des Johannes werden auch die Tage wieder länger. Wir feiern Weihnachten und gehen neu auf Jesus zu, der sich von uns als Kind in der Krippe finden lässt und auf seinen Weg mitnimmt, den Weg zum neuen Leben.

## Anregungen

* Beziehen Sie das Lied auf den Lebensweg! Woran haben Sie festgestellt, dass eine Jahreszeit die andere abgelöst hat? Was hat das in Ihnen ausgelöst?
* Wenn Sie an den Frühling Ihres Lebens denken: Was ist in Erinnerung geblieben? Woran entsinnen Sie sich gerne, woran nicht? Welche Weichen wurden hier für Ihr Leben gestellt? Was ist davon bis heute wichtig geblieben? Wie schaute Ihr »Frühlingsglauben« aus?
* Der Sommer Ihres Lebens: Gibt es ein Ereignis von dem Sie sagen können, damit habe der Sommer begonnen? Wie war das mit der Sommer-

sonne? Hat sie immer richtig geschienen? Wann hat sie sich versteckt? Wann schien sie gar nicht? Wann war sie drückend? Wann wurde die Sommersonne zur Herbstsonne? Was hat Ihnen in dieser Zeit der Glauben bedeutet?

- Der Herbst des Lebens ist da: Wie haben Sie den Übergang vom Sommer zum Herbst empfunden? Was schätzen Sie an Ihrem Herbst? Was macht Ihnen Sorge? Worauf müssen Sie jetzt mehr achten? Was möchten Sie noch werden? In welche Richtung wandelt sich jetzt Ihr Glaube?

- Wenn der Winter kommt: Was denken Sie da ganz spontan?
  Welche Seiten hat für Sie der Winter? Mit welchen könnten Sie ganz gut leben, mit welchen nicht? Was soll vor Wintereinbruch noch geschehen? Mitten in den Winter fallen die festlichsten Zeiten des Jahres, die voll sind von Erwartung, Hoffnung, guten Wünschen. Hilft Ihnen dieser Gedanke im Blick auf die Jahre, die noch vor Ihnen liegen, und auch auf die Zeit danach?

- Regen Sie einen Austausch zu den Liedstrophen in der Seniorenrunde an. Dabei müssen an einem Nachmittag nicht alle Jahreszeiten bedacht werden!

- Gestalten Sie aus der Liedbetrachtung, den Impulsfragen und anderen Elementen, die Ihnen noch dazu einfallen, eine Andacht oder einen Einkehrtag. Geeignete Bausteine dazu finden Sie auch im Gotteslob: 16.5 (Im Alter), 677.4 (Hoffnung), 679.1–2 (Lob), 679.3–5 (Dank), 679.6–7 (Bitte)

- In die Jahresmitte fällt das Fest der Geburt Johannes' des Täufers (24. Juni). Die Tage werden kürzer; ein Bezug zum Wort des Johannes: »Er muss wachsen, ich aber geringer werden« (Joh 3,30) ist leicht herzustellen. Sprechen Sie in diesem Sinne in der Gruppe Themen an wie: Wohin möchte ich mich entwickeln? Was ist mir für mein Leben jetzt wichtig?

- Zum Johannestag und zur Sommersonnenwende hat sich viel Brauchtum entwickelt. Welches davon wird noch oder wieder gepflegt? Welchen Sinn hat Brauchtum heute?

- Vom Wetter des Johannestages wurden früher Ernteprognosen abgeleitet: »Wie das Wetter zu Johanni war, so bleibt es viele Tage gar«. Sind alte Wetter- oder Bauernregeln heute noch von Bedeutung? Kann ich dazu etwas sagen aus meiner Erfahrung als Hobbygärtner, als Wanderer, als jemand, der gerne die Natur beobachtet?

**Segensbitte**
Gott,
segne und behüte uns.
Gott,
schütze unser Leben
und bewahre unsere Hoffnung.
Gott,
lass dein Angesicht leuchten über uns,
dass auch wir leuchten.
Gott,
wende dein Angesicht uns zu,
dass auch wir uns zuwenden können:

dem, das für uns immer noch nicht abgeschlossen ist,
dem, der neben uns lebt,
dem, das als Nächstes vor uns liegt,
dem, das uns herausfordert.

Segne und vollende, was du mit uns begonnen hast.

# Seniorenklub im Sommer – wegen Urlaub geschlossen
## Sich dennoch treffen

Nach dem Pfarrfest im Juni beginnt auch in den Pfarreien der Sommer. Die einzelnen Gruppen haben sich in den Urlaub verabschiedet. Was aber ist mit denen, die nicht in Urlaub fahren können, die keinen Garten oder kein Zweithaus im Grünen haben, in dem sie die Sommermonate verbringen können? Zu diesen zählen mehrheitlich die weniger mobilen älteren Menschen. Sie vermissen ihr gewohntes Treffen im Seniorenkreis, das Pfarrcafé, den Plausch mit manchen Bekannten nach der Sonntagsmesse. Für die, die keine solche Möglichkeit haben, wird mehr noch als sonst der Sonntag zum Problemtag.

Dann gibt es noch die Möglichkeit, dass die Daheimgebliebenen ihr Sommerprogramm selbst in die Hand nehmen. Es braucht dazu jemanden, der einiges Organisatorische übernimmt und als Ansprechperson zur Verfügung steht. Aufwändige Vorbereitungen sind nicht notwendig, eine Anmeldung braucht es in den wenigsten Fällen.

### Anregungen

- Wer zu einem Spaziergang, zu einer Wanderung oder einer Radtour oder mit ins Schwimmbad kommen mag, trifft sich am ... um ... an der Kirche.
- Wenn keine Privatautos zur Verfügung stehen, nutzen wir für die Spaziergänge öffentliche Verkehrsmittel.
- Enkel verbringen Ferientage bei oder mit den Großeltern. Wir gehen miteinander ins Schwimmbad, gehen gemeinsam wandern, treffen uns an einem Spielplatz ...
- Wir melden uns zu einer Ferienwoche für Großeltern und Enkel an.
- Ich möchte gerne ein/einen ... (Kino, Museum, Sommertheater, Restaurant, Naturpark, Tierpark, Schaugarten, Kräutergarten, Ausflugsziel) besuchen. Wer schließt sich an?

- Ab Sonntagmittag ist das Pfarrzentrum zum gemeinsamen Mittagessen oder Kaffee geöffnet. Wer kümmert sich um den Schlüssel? Kocht jemand für alle? Bringt jeder selbst etwas zu essen mit? Wer organisiert eine Mahlzeit durch einen Menüservice?
- Im Gasthaus ... ist ein Tisch reserviert. Wer ist zuverlässig da?
- Gemeinsames Grillen oder Picknick im Grünen oder im Pfarrgarten.
- Frau/Herr ... lädt in ihren/seinen Garten ein. Mitfahrgelegenheiten können anbieten ...
- Am Nachmittag treffen wir uns im Café ..., in der Eisdiele ..., in der Ausflugsgaststätte ...
- Immer wieder musste der Besuch bei ... im Pflegeheim verschoben werden. Jetzt ist Zeit dazu.
- Ein Seniorenheim/Tageszentrum in der Nähe veranstaltet Ausflüge und ein Sommerprogramm, zu dem auch Nichtheimbewohner willkommen sind.

# Wenn ich auf Wallfahrt geh ...
## Anregungen zum Wallfahren und Pilgern

Eine Wallfahrt ist fester Bestandteil des Jahresprogrammes der Senioren. Ob als größere Gruppe oder im kleineren Kreis, ob mit dem Bus oder zu Fuß, mit dem Pilgerzug oder dem Fahrrad: Es gibt viele Möglichkeiten, sich zu einem klassischen Wallfahrtsort oder einem anderen geistlichen Zentrum aufzumachen. Unter dem Aspekt des Pilgerns erhält »Wallfahrt« mehr und mehr auch einen konfessionsverbindenden Charakter. Zudem ergeben sich hier zahlreiche Themen: Was ist an der Wallfahrt und am Unterwegs-Sein so reizvoll? Was gehört unbedingt zu einer Wallfahrt? Wo ist die Grenze zwischen Wallfahrt und Ausflug? Und wo liegen die Gründe für den derzeitigen Boom des Pilgerns? Was verbindet Menschen, die miteinander pilgern? Ist nicht mein Leben ein Pilgern?

### Wallfahrt in Kürze

Religionsgeschichtlich beruht die christliche Wallfahrt auf der Tradition der Wallfahrt der Israeliten nach Jerusalem. Für die Israeliten ist die Wallfahrt eine Zeit der Besinnung auf seine Entstehung und Erwählung, die ganz im Erbarmen Gottes begründet ist. Ziel der Wallfahrt war Jerusalem und sein Tempel als Ort besonderer Gotteserfahrung. Unter den Psalmen sind zahlreiche Wallfahrtslieder, die die Güte Gottes zu seinem Volk besingen; die Freude, die der Mensch in seiner Nähe empfindet, und die Hilfe, die er von Gott erfährt. Über Wallfahrten von Christen wissen wir seit dem 4. Jahrhundert. Ihr Ziel war naheliegenderweise Jerusalem und das Land, in dem Gott als Mensch gelebt hat. Bald werden die Apostelgräber in und außerhalb Roms und die Gräber der Märtyrer, wo immer welche sind, aufgesucht, um dort zu beten. Als die Wallfahrt nach Jerusalem bzw. ins Heilige Land wegen Vordringens des Islam nicht mehr möglich war, erhielt die Wallfahrt nach Rom und zum Grab des Apostels Jakobus nach Santiago zusätzliche Bedeutung. Im

Mittelalter war die vorherrschende Form der Wallfahrt die »Heiltums-fahrt« – entweder zu Gegenständen, die mit dem Leben Christi in Verbindung gebracht wurden, wie zum Beispiel der Hl. Rock in Trier, oder zu den Reliquiensammlungen großer Kirchen. Die Reformatoren übten starke Kritik am damaligen, oft ausufernden Wallfahrtswesen und lehnten es ab. Eine neue Blüte erlebte die Wallfahrt mit der Gegenreformation, etwa ab dem 17. Jahrhundert. Sie wurde zu einer typisch katholischen Frömmigkeitsform, insbesondere auch deshalb, weil die Orte mit Marienwallfahrten, von denen es im Mittelalter nur wenige gab, stark zunahmen. Seit dieser Zeit entstehen viele Wallfahrtsstätten, kleinere von mehr regionaler und andere von überregionaler Bedeutung. Größere Wallfahrtsorte waren oft auch Ausgangsorte des späteren Tourismus, sodass die Grenzen zwischen Ausflug und Wallfahrt bis heute oft fließend sind. In unserer Zeit ist Wallfahren nicht mehr unbedingt an traditionelle »Gnadenorte« gebunden. Unbestritten sind das Heilige Land, Rom oder Santiago de Compostela, zusammen mit Assisi und den Orten der Marienerscheinungen wie Lourdes und Fatima, Hauptwallfahrtsziele. Doch zählt, um nur eines zu nennen, auch Taizé mit seiner ökumenisch ausgerichteten Bruderschaft zu den Wallfahrtszielen. Längst ist auch die klassische Buswallfahrt nicht mehr die einzige Form einer Wallfahrt von Seniorinnen und Senioren. Senioren-Rad-Wallfahrten, Wallfahrten von Großeltern und Enkelkindern und Einzelwallfahrer oder Pilgergruppen, die konfessionsverbindend unterwegs sind, fügen der traditionellen Wallfahrt neue Aspekte zu.

### Anregungen

- Den Text »Wallfahrt in Kürze« als Statement zu einem Nachmittag über Wallfahrt verwenden, dazu eine PowerPoint-Präsentation erstellen und zu einer Diskussion einladen.
- Welche Wallfahrtsorte kenne ich? Was weiß ich über ihre Entstehung? Welchen davon liebe ich ganz besonders?
- Die erste Wallfahrt, an die ich mich erinnern kann.

- Gruppenmitglieder gestalten einen Nachmittag, bei dem sie einen Wallfahrtsort ihrer Wahl vorstellen (PowerPoint, Texte aus Reiseberichten, persönliche Beziehung zum Wallfahrtsort, Erlebnisse und Begegnungen, typisches Wallfahrtsgebet, typische Andenken).
- Eine Ausstellung von Wallfahrtsandenken (aus dem Besitz regelmäßiger Wallfahrer) zusammenstellen.
- Ein Jubiläum – zum Beispiel 20 Jahre Wallfahrt nach … – mit einem eigens gestalteten Gottesdienst und einer Jubiläumsfeier begehen.
- Gespräch mit einem Wallfahrtspfarrer oder Pilgerführer oder dem Leiter eines Wallfahrervereines über ihre Erfahrungen.
- Ein Austausch über Gebete und Lieder zur Wallfahrt (Psalmen, Gotteslob, Rosenkranz, Lieder, die für einen bestimmten Wallfahrtsort geschaffen wurden).
- Buchausstellung und Lesung zum Thema »Wallfahrt« in der Pfarrbücherei.
- Ich gehe wallfahren – warum? Von einer Wallfahrt erwarte ich mir … Was bedeutet eine Wallfahrt für mein geistliches Leben?
- Wallfahrt oder Pilgern? Gibt es einen Unterschied? Was motiviert heute zum Wallfahren oder zum Pilgern?
- Wir gehen als Gruppe wallfahren. Wer kümmert sich um die Organisation? Können wir den Gottesdienst nicht gemeinsam vorbereiten?
- Besuch eines Wallfahrtsmuseums.

*Hinweis:* Die Anregungen können als Einzelveranstaltung durchgeführt oder zu einer Veranstaltungsreihe zusammengestellt werden.

# Das Wandern ist des Müllers Lust
## Ein Erzählnachmittag

### Vorbereiten

Liedtext für alle

Arbeitsblatt mit Umrissen von Blüten

Arbeitsblatt mit Umrissen von Luftballons

Arbeitsblatt mit Umrissen von Steinen

Ein unbeschriebenes Arbeitsblatt

Frankierte Briefumschläge

Stifte

### Einstieg

»Das Wandern ist des Müllers Lust« – wer von uns kennt nicht das Lied und hat es nicht schon beim Wandern gesungen? Es ist das Lied eines Müllergesellen, der, wie es damals bei Handwerkern üblich war, auf Wanderschaft gehen muss, um an verschiedenen Orten und bei unterschiedlichen Meistern seine Ausbildung zu erweitern. Bild für das unentwegte Wandern ist das Fließen des Wassers und das ständige Sich-Drehen des Mühlrades. Die Wanderschaft ist aber kein reines Vergnügen. Wie der Text des Liedes erkennen lässt, wird – trotz aller Naturverbundenheit – die Sehnsucht nach Ruhe, Beheimatung und nach einer Bleibe stärker. So wird dieses Lied auch ein Symbol für unser Leben. Was ist für Sie Wandern?

### Wandern – Sinnbild für mein Leben

#### Kindheit

(das Arbeitsblatt mit den Blüten-Umrissen austeilen)

Mit dem Geburtstag hat die Kinderzeit begonnen, die Zeit, in der ein kleiner Mensch in die Welt hineinwächst. Schreiben Sie in die Blüten:
- Was ist meine erste Erinnerung?

- Wer hat mich ins Leben begleitet?
- Was wurde mir einmal »als wichtig für das spätere Leben« mitgegeben?

Kommen Sie untereinander ins Gespräch!

## Jugend

(das Arbeitsblatt mit den Umrissen von Luftballons austeilen)

Die Welt der Jugendzeit – war sie eine heile Welt? Eine Welt mit strengen Regeln? Eine Welt, in der Aufbruchsstimmung herrschte? Konnten Sie eigene Wege und Ziele verfolgen? Überlegen Sie und schreiben Sie in die Luftballons:
- Meine Träume und Luftschlösser.
- Meine Versuche, etwas »anders« zu machen.
- Meine Verbündeten: Gleichgesinnte, Wohlgesonnene, Förderer.

Und sprechen Sie dann miteinander darüber!

## Erwachsenenalter

(das Arbeitsblatt mit den Umrissen von Steinen austeilen)

Die »Lebenshöhe« – ist sie nicht vergleichbar mit einer Baustelle? Aus vielen Steinen konnte ich etwas bauen, andere wurden mir in den Weg gelegt. Nicht alle konnte ich auf die Seite räumen. Schreiben Sie Ihre »Stein-Erfahrungen« auf. Denken Sie dabei an:
- Bauwerke, die entstanden sind.
- Menschen, die geholfen haben, Steine zu tragen.
- Steine, die noch herumliegen.

Sprechen Sie auch darüber in der Gruppe!

## Gegenwart

(das unbeschriebene Arbeitsblatt austeilen)

Was von meinem bisherigen Lebensweg ist mir immer wichtig gewesen? Wo gab es Weichenstellungen, Kurven, Kreuzungen? Was wünsche ich mir für die nächste Zeit:

- Dass ich noch Steine ausräumen kann?
- Dass ich Steine finde, mit denen ich noch etwas bauen kann?
- Dass ich noch den einen oder anderen Luftballon steigen lassen kann?

Überlegen Sie für sich, schreiben Sie Möglichkeiten auf das unbeschriebene Arbeitsblatt und geben Sie ihnen eine Reihenfolge. Stecken Sie dann das Blatt in den Briefumschlag, verschließen Sie ihn und schreiben Sie Ihre Adresse darauf. Tauschen Sie die verschlossenen Briefumschläge untereinander und schicken Sie sich diese nach einigen Wochen zu.

## Abschluss

- nochmals das Wanderlied singen

- ein Gebet
  Guter Gott!
  Unsere Lebensgeschichte steht uns vor Augen:
  die schönen und die schweren Erfahrungen,
  die hellen und die dunklen Wegstrecken.
  Lass uns ehrlich zurückschauen
  auf alles, was in unserem Leben war.
  Lass es uns annehmen, wie es geworden ist,
  uns freuen über die Früchte, die wir ernten können,
  und die Konsequenzen aus denen ziehen, die verfaulen.
  Gott, unser Leben geht aber weiter.
  Lass uns voll Hoffnung und Zuversicht auf den Weg schauen,
  der vor uns liegt.
  Jeder Tag und jede Stunde sind kostbare Geschenke.
  Wir wollen sie annehmen und schätzen
  und dir danken für die vielen Möglichkeiten und Chancen,
  die sie enthalten.
  Geh mit uns – heute und alle Tage und in alle Ewigkeit.
  Amen.

- ein Gedicht

*Leben*

Viel kann misslingen, was wir säten
auf ird'schem Rund,
was stets gelingt, das ist ein Beten
aus Herzensgrund.
Denn möcht' auch Gott nicht so es lenken,
wie dir's gefiel:
Er wird dafür dir andres schenken
und Schönres viel.

Friedrich de la Motte-Fouqué, 1777–1843

*Oder ein anderes Gedicht oder Lied*

## Anregungen

- Weitere Themen zu Wandern: Geschichte des Wanderns (dazu der Wikipedia-Artikel »Wandern«). Was schätze ich am Wandern? Mit den Kindern sind wir oft gewandert ..., beliebte Wandergebiete ..., Erinnerungen an Schulausflüge.
- Wandern als regelmäßiges Angebot für Demenzkranke und Angehörige.
- Gedächtnisübungen: Mit »Weg« zusammengesetzte Wörter finden (Radweg, Irrweg ...), Redewendungen mit »Weg« (alle Wege führen nach Rom, Steine in den Weg legen ...) sammeln und besprechen.
- Spiel: Ich packe meinen Rucksack.
- Das Lied »Das Wandern ist des Müllers Lust« gibt es – wie viele andere Volkslieder – auch als Bewegungsspiel: https://mal-alt-werden.de/das-wandern-ist-des-mullers-lust-ein bewegungsspiel-im-sitzen

# Ausflug einmal anders
## Exkursion unter biografischen Gesichtspunkten

Ob mit Bus oder PKW oder mit dem Fahrrad, ob es ins Museum geht oder zu einer Stadtbesichtigung, ob eine Betriebsführung oder eine Fahrt ins Blaue geplant ist: Ausflüge oder Spaziergänge gehören ganz selbstverständlich zum Programm aller Seniorengruppen. Ebenso selbstverständlich ist, dass dabei auf die Kräfte und die Mobilität der Teilnehmer*innen geachtet wird. Einen besonderen Reiz erhalten Ausflüge, wenn sie immer ein anderes Gruppenmitglied (mit-)vorbereitet und/oder (mit-)gestaltet. Auf diese Weise wächst die Gruppe zusammen und lernen sich die Mitglieder besser kennen und können einander auch besser verstehen. Ein biografischer Spaziergang vermittelt einen Einblick in die Lebens- und Herkunftsgeschichte des Einzelnen, fördert das gegenseitige Kennen und Verstehen, regt zur Auseinandersetzung sowohl mit der Vergangenheit als auch mit Zukunftsperspektiven an und ist gleichzeitig ein Bildungs- bzw. Freizeitangebot.

### Ich möchte mal wieder ...
Früher gerne gegangene Wege oder öfter aufgesuchte Ziele sind jetzt unter Umständen schwer zu erreichen. Man möchte auch lieber nicht alleine gehen, miteinander aber schon. Daher treffen sich an einem festgelegten Tag im Monat, der auch im Terminkalender der Pfarrei steht, alle, die Interesse haben, vor der Kirche zum gemeinsamen Spaziergang.

### Besuch im Herkunftsort
Manche Teilnehmer*innen der Seniorenklubs und anderer Gruppen der Pfarreien sind aus einem anderen Ort oder einem anderen Stadtteil zugezogen. Ihnen macht es Freude, einmal ihren Herkunftsort zu zeigen. Dabei können nun die üblichen Sehenswürdigkeiten besichtigt werden. Der/die Ortskundige ist nicht nur an der Vorbereitung beteiligt, sondern übernimmt nach Möglichkeit die Stadtführung.

## Biografischer Spaziergang

Ein biografischer Spaziergang führt nicht oder nur am Rande zu den üblichen Sehenswürdigkeiten eines Ortes, sondern zu Stationen, die für den, der durch seinen Herkunftsort führt, von Bedeutung sind: Elternhaus, früheres Wohnhaus, Kirche, Schule, Ausbildungsstätte, Treffpunkte der Jugendzeit, Stammgasthaus, regelmäßig gegangene Wege, Wege, die man als Kind nicht alleine gehen durfte ... Auch die örtlichen Sehenswürdigkeiten werden mehr unter biografischem und weniger unter touristischem Aspekt betrachtet: In dieser Kirche ging ich zur Erstkommunion ..., mit diesem Park verbinde ich ..., im Schloss wohnte eine Tante, deshalb ... In der Krankenhauskapelle wurde ich getauft ..., dieses Denkmal war beliebter Treffpunkt ... oder Ziel für ...

Eine andere Form des biografischen Spaziergangs führt in den Alltag dessen, der die Gruppe führt: tägliche Wege, häufig aufgesuchte Ziele (Park, Einkaufszentrum, Einrichtungen für Freizeit, Gesundheit, Sport, Kultur, Kirche, Pfarrzentrum, Spazierweg, Friedhof, Café ...)

Eine dritte Form des biografischen Spaziergangs setzt größeres Vertrauen voraus und ist eher geeignet für eine kleine Gruppe bzw. als Spaziergang mit einer Vertrauensperson. Sie beschäftigt sich mit der Frage nach dem, was einmal kommen könnte: In dieses Heim möchte ich einmal umziehen, in jenes auf keinen Fall, hier ist der Notar meines Vertrauens, auf diesem Friedhof ist meine Grabstelle ...

### Anregungen

* Bei allen Spaziergängen oder Ausflügen Fotoapparat, Handy, Notizblock, Stadtplan, Reiseführer nicht vergessen!
* Eine Reflexion oder einen Erinnerungsnachmittag mit Hilfe der Fotos, Notizen und Reiseandenken planen.

# Eine Zeit mit Oma und Opa
## Vorschläge für Eltern und Großeltern, Enkel und Kindergruppen

Das Großeltern-Sein hat sich stark gewandelt. Lebten früher häufiger Großeltern in der Nähe ihrer Kinder und Enkel, ist das heute nicht mehr so. Junge Familien wohnen oft weit von ihrem Herkunftsort entfernt, ein oftmaliger oder gar täglicher Kontakt der Enkel mit den Großeltern ist nicht möglich. Oft sind Großeltern noch berufstätig und können nicht so viel Zeit mit ihren Enkelkindern verbringen, möchten aber die Lebenswelt ihrer Enkel kennenlernen. Anderen fällt es schwer, Grenzen zu ziehen. Themen, über die sich zu sprechen lohnt – in Gruppen, aber auch bei der Planung pfarrlicher Angebote.

### Anregungen

- Großmutter/Großvater damals und heute: Erinnern Sie sich in der Gruppe an Ihre Großeltern. Wie unterscheiden Sie sich von Ihren Großeltern? Wie verstehen Sie Ihre Rolle als Großvater/Großmutter? Was möchten Sie von Ihren eigenen Eltern dabei übernehmen, was nicht?
- Blättern Sie mit den Enkelkindern Fotoalben durch und stellen Sie »damals« und »heute« gegenüber. Was hat sich verändert? Ist alles »besser« oder »schlechter« geworden? Was schätze ich an der heutigen Zeit? Was nicht?
- Regen Sie dazu auch einen Nachmittag in der Jungschar-, Ministrant*innengruppe, in der Kita oder in der Grundschule an!
- Großeltern begleiten ihre Enkelkinder nicht nur regelmäßig in den Kindergarten oder in die Schule, sondern stehen auch als Babysitter, Animateur, Krankenschwester, Taxifahrer, Freizeitgestalter ... zur Verfügung. Wie ziehen Sie die Grenzen zwischen eigenen Bedürfnissen, Erwartungen der Eltern und den Wünschen der Kinder?
- Großeltern, die berufstätig sind oder aus irgendeinem Grund nicht viel Zeit mit den Enkelkindern verbringen können, möchten aber deren

Welt kennenlernen. Kindergärten oder pfarrliche Kindergruppen könnten dazu einen »Nachmittag mit Oma und Opa« anbieten. Kinder, die keine Großeltern haben oder deren Großeltern nicht kommen können, laden eine »Ersatzoma« aus der Nachbarschaft ein.

- Ein Spielenachmittag mit Spielen von damals und Spielen von heute lässt sich ohne großen Aufwand organisieren. Ebenso eine Vorlesestunde in der Kita oder in der Pfarrbücherei.

- Stellen Sie für Ihre Enkel eine Wühlkiste mit scheinbar unbrauchbaren Dingen zusammen: Tücher, Stoffreste, Plastikdosen, Hölzer ... Was kann man damit trotzdem alles spielen?

- Suchen Sie doch einen Generationen-Spielplatz auf! Generationen-Spielplätze sind ein Kombiangebot für ältere Erwachsene und Kinder, das aus speziellen Spiel- und Trainingsgeräten zur Bewegungsförderung von Senior*innen und den üblichen Spielgeräten für Kinder besteht.

- Feste wie Sankt Martin, Laternenfest, Nikolaus, Muttertag, Pfarrfest, Abschluss des Kindergartenjahres können generationenübergreifend gestaltet werden.

- In die Sakramentenvorbereitung Senior*innen als Tisch-Großmütter oder -väter einbeziehen!

- Die Verantwortlichen der Sakramentenvorbereitung (Beichte, Eucharistie und Firmung) informieren im Seniorenkreis über ihre Tätigkeit.

- Der Seniorenklub verspricht ein regelmäßiges Gebet für die Kinder, die Eltern und die Verantwortlichen der Sakramentenvorbereitung.

- Kinder und Senioren proben gemeinsam die Lieder für die Festmesse.

- Kinder verbringen Ferien bei oder mit den Großeltern oder mit ihnen bei einer Oma-Opa-Enkel-Freizeit.

# Aufgenommen – Angenommen
## Ideen um das Fest »Mariä Aufnahme in den Himmel«

### Zum Fest

Das Fest Mariä Aufnahme in den Himmel ist das bedeutendste der Marienfeste. Seine Entstehungsgeschichte ist nicht genau zu klären, es lässt sich wohl zurückführen auf ein Marienfest in der Gethsemanekirche zu Jerusalem, in der man ein mögliches Grab Marias verehrte. In der Bibel wird über das Leben der Gottesmutter nach Ostern und über ihr Sterben nichts überliefert. Etwa dreißig apokryphe Schriften, die zwischen dem 3. und dem 7. Jahrhundert entstanden sind, sind Zeugnisse von Vorstellungen, die damals über das Sterben der Gottesmutter herrschten. In Rom wird das Fest spätestens seit dem 7. Jahrhundert gefeiert. Im christlichen Osten hat das Fest die ursprüngliche Bezeichnung »Maria Entschlafung«, in Rom heißt es seit dem 8. Jahrhundert »Aufnahme Marias in den Himmel«. Das Zweite Vatikanische Konzil hat bei der Reform des liturgischen Kalenders diese Bezeichnung des Festes, das zwischenzeitlich zu »Maria Himmelfahrt« geworden ist, wiederhergestellt. Worum geht es nun bei diesem Fest? Im Glaubensbekenntnis beten wir: »Ich glaube an die Auferstehung der Toten und an das ewige Leben.« Um diesen Glauben geht es. Wir feiern, dass unser Leben nicht im Nebulosen endet, sondern eine Zukunft hat. Diese Zukunft umschreiben wir mit dem Wort »Himmel«. Himmel können wir verstehen als etwas, was wir uns wünschen: Liebe, Geborgenheit, Heimat. Gott möchte uns dies schenken und zeigt uns am Beispiel der Gottesmutter, dass er es ernst meint mit seiner Verheißung. In diesem Zusammenhang ist wohl auch der Brauch der Kräutersegnung zu verstehen, der seit dem 10. Jahrhundert bekannt ist. Nach einer Legende öffneten die Jünger das Grab Marias und fanden darin nicht ihren Leichnam, sondern Blumen und Kräuter. Nach einer anderen erschien beim Sterben Marias Jesus, um seine Mutter in den Himmel zu begleiten. Dabei verbreitete sich ein angenehmer Duft von Blumen und Kräutern. Die Heilkräuter sind also als Zeichen zu verstehen, dass Gott die Welt heil macht.

## Anregungen

- Metaphermeditation zu »Himmel« und Gespräch: Was muss gegeben sein, damit sich in mir ein Gefühl von »Himmel« einstellt? Kann ich beeinflussen, dass ein solches Gefühl entsteht? Wie lange hält es an? Wie fühle ich mich nach einer solchen Erfahrung?
- Aufsuchen einer Wallfahrtskapelle und dort Gottesdienst feiern. Auf dem Weg einen Kräuterstrauß zusammenstellen.
- Das Fest heißt in manchen Gegenden auch Großer Frauentag, Maria Würzweih oder ... – Welchen Akzent setzen diese Bezeichnungen?
- Besuch einer Kirche, in der ein Altarbild von »Maria Himmelfahrt« oder eine Darstellung vom Tod der Gottesmutter zu sehen ist. Was wollte der Künstler besonders herausstellen?
- Ausflug zu einem Ort, an dem das Fest besonders gefeiert wird: Schiffsprozession, Wallfahrtstag ...
- Welche Kräuter gehören bei uns in einen Kräuterstrauß?
- Kräuterbüschel, Lavendelkissen, Kräuterseife, Kräutertees zusammenstellen und für einen guten Zweck verkaufen.
- Besuch eines Kräutergartens.
- Führung durch einen Perma-Kultur-Garten.
- Spaziergang entlang eines Kräuterlehrpfades oder geführte Kräuterwanderung.
- Austausch über Erfahrungen mit Heilkräutern.
- Kräuter in meinem Garten (auf meiner Terrasse).
- Einen Strauß gesegneter Kräuter zu Gräbern oder Gedenkstätten für Verstorbene bringen.

## Bausteine für einen Gottesdienst

### Einführung

Wir alle möchten angenommen und aufgenommen sein, dazugehören, einen Platz haben. Heute feiern wir, dass Maria in den Himmel aufgenommen ist, dass sie dort einen Platz hat, den ihr niemand streitig machen kann. Es ist Überzeugung der Kirche, dass das, was wir von Maria sagen, auch für uns gilt: Gott nimmt uns an und hat für uns einen Platz. Jesus Christus hat uns diese Botschaft gebracht. Wir rufen zu ihm:

### Kyrierufe

Herr Jesus Christus, du sitzest zur Rechten Gottes: Kyrie, eleison.
Du hast Maria aufgenommen in die göttliche Herrlichkeit: Christe, eleison.
Auch wir dürfen einmal in deiner Nähe leben: Kyrie, eleison.

### Fürbitten

Wir bitten Gott für alle Menschen, die nicht glauben können, dass sie angenommen und geliebt sind:
A: Herr, sei bei ihnen!
Wir bitten für alle Menschen, die sich in sich selbst verschließen:
Wir bitten für alle Menschen, die haltlos sind:
Wir bitten für alle Menschen, die sich hilflos fühlen:
Wir bitten für alle Menschen, die krank sind:
Wir bitten für alle Menschen, die leiden:
Wir bitten für alle Menschen, die auf die Hilfe anderer angewiesen sind:
Wir bitten für alle Sterbenden und Verstorbenen:
Vater im Himmel! Du hast Maria angenommen und in deine Nähe aufgenommen. Du tust es auch mit uns und mit allen, für die wir beten. Dafür danken dir jetzt und alle Tage.

### Gedanken zum Evangelium (Lk 1,39–46)

Vor einigen Monaten haben wir Ostern gefeiert. Der Osterjubel ist zwar verklungen, aber wir beten immer wieder das Glaubensbekenntnis und die Worte: »Ich glaube an die Auferstehung der Toten und das ewige Leben«. Jetzt, mitten im Sommer, feiern wir das Fest »Mariä Aufnahme in den Himmel«. Es erinnert uns nicht nur an das Osterfest, sondern konkretisiert diese Worte des Glaubensbekenntnisses. Es zeigt uns am Beispiel eines Menschen, der Gottesmutter, was »Auferstehung der Toten« und »ewiges Leben« für den Menschen bedeuten.

Die »Aufnahme Marias in den Himmel« ist auf vielen Bildern dargestellt. Manche zeigen, wie Engel Maria in den Himmel tragen, andere, wie sie durch eine geheimnisvolle Kraft in den Himmel erhoben wird und mit ausgestreckten Armen auf Jesus zuschwebt. Darstellungen vom »Tod der Gottesmutter«, wie wir sie aus dem Mittelalter und vor allem von den Ikonen kennen, setzen noch einen anderen Akzent. Hier kommt Jesus auf die verstorbene Maria zu und nimmt sie zu sich. Diese Bilder deuten an, was »Himmel« ist: Aufbruch und Weite, Heimat und Geborgenheit, Staunen und Freude. Sie wollen uns die Angst vor dem Tod nehmen und vor Augen halten: Wir sterben nicht ins Dunkel hinein, sondern fallen in die Hände Jesu. Er führt uns in die Herrlichkeit Gottes.

Diese Botschaft ist eine Frohbotschaft. Sie versöhnt uns mit manchem, womit wir uns als ältere Menschen schwertun oder worunter wir leiden. Wir merken, dass unsere Kräfte und unsere Sinne nachlassen, dass wir nicht mehr so leistungsfähig und belastbar sind wie früher. Wir tun uns schwer damit, dass unser Geist und unser Körper nicht mehr alle Erwartungen, die wir an sie stellen, erfüllen. Doch sind wir Gottes Kinder und dürfen uns daher annehmen, wie wir sind. Wir können zu unserem Leben stehen, zu unserer Vergangenheit und zu unserer Gegenwart. So, wie wir sind, sind wir vor Gott wertvoll. Von ihm sind wir angenommen und geliebt. Wir können manches an uns bedauern oder vermissen, brauchen uns aber für nichts zu schämen, brauchen auch nichts zu verbergen oder zu beschönigen. Wir machen uns Gedanken darüber, was die Leute über uns sagen werden, wenn sie sehen, wie schwer uns das Gehen fällt, wenn die Haare grau werden, wenn wir in den einfachsten Dingen des Lebens Unterstützung brauchen. Hier gilt das Jesuswort, dass wir nicht in den Sorgen dieser Welt aufgehen sollen, auf eigene Weise. Halten wir uns an die Worte Jesu und vertrauen wir ihm. Alles andere wird uns hinzugegeben werden. (Lk 12,25ff) Und den Ruf Marias: »Der Herr hat Großes an mir getan« verstehen wir heute nicht nur im Blick auf ihre Erwählung zur Mutter Jesu, sondern auch im Blick auf ihr Leben und Sterben. Gott hat sie im Leben begleitet und schenkt ihr ewige Heimat. Was aber für Maria gilt, gilt auch für uns. Das heutige Fest möge uns darin bestärken: Ich glaube an die Auferstehung der Toten und das ewige Leben.

**Meditation**
*Gegrüßet seist du, Maria!*
Freu dich! Gott ruft dich mit Namen. Er nimmt dich ernst.
*Voll der Gnade!*
Gott schenkt dir mehr, als du ahnst. Er gibt es dir ganz umsonst.
*Der Herr ist mit dir!*
Er lässt dich nie allein. Treu geht er mit dir deinen Weg.
*Du bist gebenedeit unter den Frauen!*
Du bist gesegnet. In dir sind wir alle gesegnet. In uns wirkt Gottes Kraft.
*Gebenedeit ist die Frucht deines Leibes, Jesus!*
Wir preisen ihn, dem du unter den Menschen Heimat gegeben hast.
*Heilige Maria, Mutter Gottes!*
Dein Glaube ist uns Vorbild.
*Bitte für uns Sünder!*
Hilf uns zu glauben!
*Jetzt und in der Stunde unseres Todes!*
Begleite uns ins ewige Leben.
*Amen!*
So sei es!

## Segensgebet über die Kräuter

Lebendiger Gott! Am Fest der Gottesmutter Maria danken wir dir für die Schönheit deiner Schöpfung. Durch die Blumen schenkst du uns Freude, die Heilkräuter dienen unserer Gesundheit. Segne diese Kräuter und Blumen! Sie sind Zeichen für das Heil an Leib und Seele, das du uns bereitest. Alle, die sie mit nach Hause nehmen, sie verwenden und sich daran freuen, sollen einstimmen in das Lob, das dir Maria und mit ihr die ganze Schöpfung singt – heute und alle Tage und in alle Ewigkeit. Amen.

# Gespräch mit einem Baum, der reiche Früchte trägt
## Bildbetrachtung

Du erzählst vom Reifen der Natur,
von der Größe des Schöpfers
und von der Sehnsucht des Menschen
nach einem »Mehr«.

Zachäus ist auf einen Feigenbaum gestiegen,
um den zu sehen,
der diese Sehnsucht
erfüllt. *(vgl. Lk 19,1–10)*

Deine Früchte erinnern mich
an Begegnungen und Augenblicke,
die dazu geführt haben,
dass ich reifer geworden bin.

Lass mich nicht vergessen,
immer die Begegnung mit Jesus zu suchen
und die Chancen zu erkennen,
die er mir schenkt.

## Anregung
Suchen Sie zu dem Text »Reifen« ein passendes Bild und gestalten Sie damit eine Postkarte zum Verteilen, ein Plakat für einen Schaukasten, für die Seniorenseite im Pfarrblatt oder für die Homepage der Senioren-Einrichtung, in der Sie tätig sind!

# III Ernten

# Der Herbst
## Zeit des Erntens

Das Frühjahr lässt Kräfte neu in uns aufblühen, der Sommer lenkt unseren Blick auf das Reif-Werden. Wenn nun an einem Spätsommer-Sonntag die Kirche mit farbigem Laub und bunten Blumen geschmückt ist, wenn Körbe mit Obst und Gemüse und eine Erntekrone vor dem Altar stehen, wissen wir, dass das Erntedankfest – und damit wieder einmal der Herbst – gekommen ist. Wir freuen uns auch über die Ernte im eigenen Garten. Nichts schmeckt doch besser als das eigene Gemüse! Bis jetzt gab es immer etwas zu pflücken, auszugraben, einzusammeln. Ernten macht Freude, doch lässt sich so manche Enttäuschung auch nicht verbergen. Trotz großer Bemühungen sind nicht alle Früchte so gut gewachsen, wie es hätte sein können. Eine gewisse Enttäuschung lässt sich nicht verbergen: Warum habe ich so viel in den Garten investiert, wenn die Pflanzen nun doch nichts tragen? Ich habe mich so sehr bemüht, und das ist nun das Ergebnis? Wofür habe ich mich nur so eingesetzt? Doch letztlich ist die Gesamtschau ausschlaggebend.

An den bunten, oft anstrengenden Lebenssommer schließt sich die Zeit des Überblickens, des Einordnens, des Wertens an – eben die Zeit der Ernte. Ich schaue auf die Früchte, die vor mir ausgebreitet sind. Mit vielen kann ich zufrieden sein, über vielleicht ebenso viele mich herzlich freuen. Offensichtlich ist mir mehr gelungen, als es zunächst den Anschein hatte. Dennoch lässt sich einiges nicht übersehen und auch nicht schönreden. Rückschläge hat es gegeben, Hoffnungen sind zerplatzt, manchmal bin ich kläglich gescheitert. Doch dann gab es wieder Überraschungen! Dort, wo ich es nicht erwartet habe, ist etwas aufgegangen! Als ich nicht mehr daran dachte, dass sich noch etwas ändern könnte, kam doch noch eine Wende. Vielleicht ist es auch ganz gut, wenn manches Samenkorn nicht aufgegangen und die eine oder andere Pflanze nicht angewachsen ist. Möglicherweise blieb mir dadurch eine noch größere Enttäuschung erspart! Vielleicht hätte ich auch versehentlich etwas ausgesät, dem ich dann nicht gewachsen wäre. Manches konnte ich ernten, doch habe ich im Laufe des Sommers wieder dazugelernt. Es ist nicht zu spät, einen Ableger noch einmal einzusetzen! Wie mit allem, was mir gegeben oder geschenkt wurde, was ich erfahren oder gelernt habe – ich kann damit etwas tun: Freude schenken, weiter probieren, neu anfangen, aushelfen … Auch so kann ich Ernte-Dank verstehen: nicht nur für die Ernte danken, sondern auch mit ihr. Unser Leben ist angelegt auf Wachsen, Reifen, Sich-Entwickeln und schließlich ist auch Unkraut nicht nur Unkraut. Daher wäre nur eines traurig: wenn bis zum Herbst gar nichts gewachsen ist. Wer befindet schließlich über die Ernte des Lebens?

So soll gelten:

Der Dank
für das Schöne, das gewesen ist,
ist Kraft
für die Gegenwart
und der Mut,
nach vorne zu sehen.

# Ein Sämann ging aus ...
## Bibelarbeit zum Gleichnis vom Sämann

### Vorbereiten
Text des Gleichnisses
Schreibpapier und Stifte für alle
Arbeitsblätter mit den Impulsfragen für alle
»Gotteslob«

### Gebet
Herr, erwecke deine Kirche
und fange bei mir an.
Herr, baue deine Gemeinde
und fange bei mir an.
Herr, lass Frieden und Gotterkenntnis überall auf Erden kommen
und fange bei mir an.
Herr, bring deine Liebe und Wahrheit zu allen Menschen
und fange bei mir an.

(Aus China, vgl. GL 22.3)

### Bibeltext
Das Gleichnis vom Sämann (Mt 13,3–8)

### Deutung des Gleichnisses
Im Gleichnis geht es um die Bereitschaft für das Wort Gottes. Jesus nennt vier Situationen, auf die seine Botschaft trifft. Schauen wir sie uns noch einmal an.

Ein Teil der Körner fiel auf den Weg, und die Vögel kamen und fraßen es.
Menschen hören Jesu Botschaft, aber nur mit halbem Ohr.
Hier ist die Saat auf den Weg gefallen.

Ein anderer Teil fiel auf felsigen Boden, wo es nur wenig Erde gab, und ging sofort auf, weil das Erdreich nicht tief war; als aber die Sonne hochstieg, wurde die Saat versengt und verdorrte, weil sie keine Wurzeln hatte.

Andere hören die Botschaft, nehmen sie sofort auf, doch ihnen fehlt der Tiefgang. In der nächsten Krise ist sie schnell wieder vergessen.

Hier ist die Saat auf felsigen Grund gefallen.

Wieder ein anderer Teil fiel in die Dornen, und die Dornen wuchsen und erstickten die Saat.

Nochmals andere hören die Botschaft, doch sie wird vom Alltagsgeschäft erstickt.

Hier ist der Samen unter die Dornen gefallen.

Ein anderer Teil schließlich fiel auf guten Boden und brachte Frucht, teils hundertfach, teils sechzigfach, teils dreißigfach.

Unter den Hörer*innen gibt es nochmals andere, nämlich die, die für die Botschaft bereit sind.

Bei ihnen ist der Same auf guten Boden gefallen und kann Frucht bringen.

Jesus hat mit seinem Gleichnis sicher verschiedene Menschen gemeint. Wir können es aber auch – ohne Jesus dabei falsch zu interpretieren – auf verschiedene Phasen im Leben beziehen. Wir kennen diese Phasen aus eigener Erfahrung:

- Wir haben zwar das Evangelium gehört, meinen aber, es gehe uns nicht wirklich etwas an.
- Wir sind von dem einen oder anderen Wort Jesu begeistert, diese Begeisterung hat aber – warum auch immer – nicht lange angehalten.

- Wir nehmen uns zwar immer wieder vor, uns mehr mit der Bibel zu beschäftigen, finden aber doch immer wieder einen Grund, es jetzt noch nicht zu tun.
- Wir setzen uns mit dem Evangelium auseinander. Wir tun dies nicht nur theoretisch oder indem wir anderen gute Ratschläge geben oder an sie Forderungen stellen, sondern indem wir es durch unser Tun und Lassen in die Tat umsetzen.

**Anregungen**

- Zeichnen Sie Ihren Lebensweg auf ein Blatt Papier. Tragen Sie zu den Situationen, die Jesus nennt, Ihre Wegstrecken oder eigene Ereignisse ein. Suchen Sie sich eine/n Gesprächspartner*in zum Austausch.

- Versetzen Sie sich in die Rolle des Sämanns. Sie haben versucht, das Wort Gottes auszusäen:
  - Wo konnten Sie das tun?
  - Wie war der Boden, auf den Sie säen konnten?
  - Wie ist es Ihnen dabei ergangen?
  - Gibt es Früchte, die Sie ernten können?
  - Wie reagieren Sie auf Erfolg/Misserfolg?
  - Machen Sie sich Notizen und tauschen Sie sich nochmals mit anderen aus.

- Im Psalm 126 ist verheißen, dass keine Aussaat umsonst ist: »Die mit Tränen säen, werden mit Jubel ernten. Sie gehen, ja gehen und weinen und tragen zur Aussaat den Samen. Sie kommen, ja kommen mit Jubel und bringen ihre Garben«:
  - Sind die Samenkörner, die ich gestreut habe, immer da aufgegangen, wo ich es erwartet habe?
  - Gibt es Samen, der unerwartet aufgegangen ist?
  - Konnten Sie unerwartet ernten, was andere gesät haben?

–   Versuchen Sie dazu ein Gespräch in der Familie, mit Verwandten, in der Gruppe.

•   Säen und Ernten – was drängt zu Lob und Dank, zu Bitte und Fürbitte?

# Die Früchte ernten ...
## Gemeinsam nachdenken über eine lange Ehe

### Vorbereiten
Arbeitsblatt »Parallelen zwischen Garten und Ehe«

Eine Dame, Mitte fünfzig, schreibt: Ich sitze mit meiner Mutter auf der Terrasse ihres Hauses. Gemeinsam blättern wir im Hochzeitsalbum meiner Eltern. Bald 57 Jahre ist es her, dass sie hier, in dem Ort, wo beide aufgewachsen sind und heute wieder wohnen, einander das Jawort gegeben haben. Viele Angehörige und Freunde, die damals mitgefeiert haben, sind bereits verstorben. Wir verbringen eine geraume Zeit damit, die Bilder zu betrachten. Meiner Mutter fallen etliche kleine Geschichten zu den Bildern ein. Bei dieser Hochzeit hat sich sogar ein Paar gefunden, das bald danach selbst geheiratet hat. 80 bzw. 84 Jahre sind meine Eltern alt. Mein Vater ist seit einigen Jahren chronisch krank. Er leidet darunter; die Mutter ist dadurch sehr gefordert. Wie schaffen sie es, den Alltag immer wieder liebevoll miteinander zu leben? Ab und zu schauen wir in den Garten hinunter, in dem gerade so viele reife Früchte zu ernten sind.

Der Gedanke an die Eltern, die viele Ehejahre miteinander verbracht haben – und wie sie sie verbracht haben –, ist Anlass, ins Gespräch über die eigene Ehe zu kommen. Was ist im Laufe der Jahre herangewachsen, und was wollen wir gerne ernten? Was für den Garten gilt, gilt auch für die Ehe: was nicht gepflegt wird, verwildert. Nach vielen gemeinsamen Jahren hat sich – oft unbemerkt – manches angesammelt. Sicher konnten schon Früchte geerntet werden, doch während die eine Frucht schon geerntet ist, braucht die andere noch Zeit und Pflege. Vielleicht muss der Garten auch neu gestaltet werden! Auf alle Fälle gilt: Wer Früchte ernten möchte, muss auch etwas dafür tun.

## Anregung

Auf einem Arbeitsblatt sind Parallelen zwischen einem Garten und einer langjährigen Ehe zusammengestellt. Können Sie diese nachvollziehen? Was wollen Sie aus Ihrer Sicht ergänzen? Welche sehen Sie anders?

*Umgraben:* Verhärtetes lockern, Verlorengegangenes suchen, Verborgenes hervorholen.

*Die Beete herrichten:* Missverständnisse ausräumen.

*Gießen:* Geben, was man zum Leben braucht.

*Unkraut jäten:* Nichts wachsen lassen, das die Pflanzen ersticken könnte.

*Den Garten genießen:* Miteinander sein, aneinander neue Seiten entdecken.

Besprechen Sie Ihre Liste mit dem/der Partner\*in, einer Vertrauensperson oder in der Gruppe. Geben Sie einander Tipps aus Ihrer Erfahrung. Selbstverständlich bleibt das Gespräch vertraulich! Zum Abschluss diskutieren Sie einen der folgenden Sätze:

Die Erfahrung lehrt uns, dass die Liebe nicht darin besteht, dass man einander ansieht, sondern dass man in die gleiche Richtung blickt. *(Antoine de Saint-Exupéry)*

Die Ehe ist und bleibt die wichtigste Entdeckungsreise, die der Mensch unternehmen kann. *(Sören Kirkegaard)*

Unser Herrgott aber hat den heiligen Ehestand von Anfang an nicht zu einem Bußwerk bestimmt; wenn er es doch wird, dann hat der törichte Mensch ihn selbst dazu gemacht. *(Adolph Kolping)*

# Schätze aus dem Erntekorb
## Vielfalt entdecken

Obst und Gemüse gibt es im Herbst in reicher Fülle. Diese Fülle kann zu vielfältigen Themennachmittagen anregen. Stellen Sie einen Obstkorb (Gemüsekorb) zusammen und nehmen Sie das Obst oder Gemüse als Thema für eine Veranstaltungsreihe »Schätze aus dem Erntekorb«. Sie wird ganz von selbst zu einem Einblick in die eigenen Schätze des Lebens. Was hier am Beispiel »Apfel« aufgezeigt ist, ist auch mit einer anderen Frucht (Birne, Holunder, Kartoffel, Kürbis, Wein, Zwetsche) möglich.

### Einleitung: Kurze Historie des Apfels

Die Heimat des Apfels ist Asien. Von dort gelangte er über Handelswege nach Europa. Der Apfelanbau in Mitteleuropa geht zurück auf die Römer, danach und im Mittelalter waren die Klöster die größten Träger des Obstanbaus. Sie tauschten Samen, Pflanzen und Fachkenntnisse zur Pflege aus oder gaben sie an Neugründungen weiter. Das Zisterzienserkloster Morimund (Burgund) war für seinen erfolgreichen Obstanbau besonders bekannt und gab die Kenntnisse an seine Tochtergründungen weiter. So lässt sich die älteste dokumentierte Apfelsorte, der Borsdorfer Apfel, bis hierher zurückverfolgen. 1170 wird er schriftlich erwähnt. Die Haltbarkeit und die vielseitigen Verwendungsmöglichkeiten der Äpfel förderten ihre Verbreitung und Artenvielfalt. Um 1880 gab es weltweit etwa 20.000 Apfelsorten. Von allen Obstarten ist der Apfel am vielfältigsten verwendbar. In unseren Breiten gilt er als das Obst schlechthin. Heute sind als Folge der Globalisierung in den Supermärkten etwa 5 bis 10 Apfelsorten erhältlich. Der Apfel ist jenes Obst, das am längsten im Jahr verfügbar ist, weil die unterschiedlichen Sorten nacheinander zwischen Juli und November reifen. In alten Bauerngärten standen daher Bäume mehrerer Sorten, um den Bedarf an Äpfeln sicherzustellen. – Lange Zeit wurde »Apfel« als Synonym für alles Runde oder Kugelige verwendet. Als Martin Behaim (1459–1507) den ersten Globus konstruierte, nannte er ihn Erdapfel!

## Anregungen

- Aufzählen von Apfelsorten:
  - Welche davon waren früher beliebt?
  - Welche gibt es heute kaum noch?
  - Welche sind heute die bekanntesten?
  - Meine liebste Apfelsorte ...

- Erlebnisse um den Apfel:
  - Ein Apfel und ein Schmalzbrot für die Schulpause
  - Ein Apfel als Belohnung
  - Welches Obst essen meine Enkelkinder?

- Der Apfel hat viele gesunde Seiten:
  - vielseitig verwendbar
  - hoher Anteil an Vitamin C, Kalzium, Magnesium, Kalium und Pektin
  - guter Durstlöscher
  - lange haltbar

- Kulinarisches
  - Rezepte zu Apfelkuchen, Apfelmus, Apfelkompott, Apfelmarmelade, Bratäpfel, Apfelchips ...
  - Kostproben unterschiedlicher Apfelsorten
  - Apfelsaft, Apfelwein, Apfelbrand

- Ausflug
  - Fahrt in ein Apfelanbau-Gebiet
  - Wanderung auf einem Apfelweg, Apfellehrpfad
  - Besichtigung einer Apfelplantage, Mosterei, Brennerei

- Literarisches
  - Apfel in Gedichten, Märchen und Sagen
  - Geschichten um den Apfel

- Biblisches
  - Apfel in der Bibel
  - Eva und der Apfel

- Warum ist der Apfel Symbol für
  - Liebe
  - Leben, Fruchtbarkeit
  - Reichtum
  - Erkenntnis
  - Entscheidung?

- Volksweisheiten – was steckt dahinter?
  - Er muss in einen sauren Apfel beißen.
  - Er tut das für einen Apfel und ein Ei.
  - Zum St.-Gallus-Tag muss jeder Apfel in den Sack.
  - Der Apfel fällt nicht weit vom Stamm.

- Was bedeutet
  - Paradiesapfel
  - Zankapfel
  - Goldener Apfel
  - Lebensapfel
  - Liebesapfel?

- Basteln mit den (Enkel-)Kindern
  - Eine Kette aus Apfelkernen
  - Apfel mit Kerze als adventlichen Tischschmuck
  - Fensterbilder und Apfelmobile

## Abschluss

*Lob des Apfels*

Eines musst du dir gut merken,
wenn du schwach bist:
Äpfel stärken.
Äpfel sind die beste Speise,
für zu Hause, für die Reise,
für die Alten, für die Kinder,
für den Sommer, für den Winter,
für den Morgen, für den Abend.
Apfelessen ist stets labend.
Äpfel glätten deine Stirn,
bringen Phosphor ins Gehirn.
Äpfel geben Kraft und Mut
und erneuern dir dein Blut.
Darum, Freund, so lass dir raten,
esse frisch, gekocht, gebraten
täglich ihrer fünf bis zehn,
wirst nicht dick, bleibst jung und schön.
Und kriegst Nerven wie ein Strick.
Mensch, im Apfel liegt dein Glück!

Volksgut

# Früchte meines Lebens
## Ein Blick auf meine Lebenserfahrungen

### Vorbereiten

Tisch mit Obst, Gemüse, Kräuter, Brot, Wein, Milch, darunter einige faule Früchte

Arbeitsblatt für alle, auf dem Früchte gezeichnet sind

Getränke für den Abschluss

### Einstieg

Aha, denken Sie, wenn Sie auf den Tisch hier schauen: Heute geht es um Erntedank. Jein. Es geht um die »Früchte meines Lebens«. Das hat sicher auch mit Erntedank zu tun, aber nicht nur. Wir wollen heute auf unser Leben schauen und überlegen: Was ist in meinem Leben alles gesät worden? Was ist davon aufgegangen und gewachsen? Wo habe ich investiert und was ist daraus geworden? Wo ist etwas entstanden, ohne dass ich viel dazu getan habe? Nicht alle Früchte, die hier liegen, sind schöne Früchte. Manche haben Druckstellen, sind angestochen, ungleich gewachsen. Auch faule Früchte sind darunter. Nicht alles in unserem Leben ist gelungen. Nicht alles ist so gewachsen wie erhofft, aber dennoch brauchbar. Manches aber ist total misslungen, verdorben ...

### Methode

Sie sehen den Tisch und diese Früchte auch hier auf dem Arbeitsblatt gezeichnet. Auf dem Tisch liegen Obst, Gemüse, Kräuter, Brot ... Geben Sie ihnen eine symbolische Bedeutung:
- die »Früchte der Anstrengung« – alles, was Sie erreicht haben
- die »Wurzeln des Erfolgs« – alles, was Ihnen ohne eigenes Zutun zugefallen ist
- das »Brot der Hoffnung« – alles, was Sie durch Sorgen und Nöte am Leben gehalten hat

- die »Kräuter der Würze« – gute oder bittere, aber letztlich weiterführende Erfahrungen
- das »Wasser des Lebens« – alles, was über Durststrecken hinweggeholfen hat
- die »Milch der frommen Denkungsart« – alles, was durch Vertrauen, Zuversicht und Geduld geworden ist
- der »Wein der Freude« – Erlebnisse, die Sie heiter und froh gestimmt haben

Unter dem Tisch liegen die faulen Früchte. Erinnern Sie sich:
- Was ist Ihnen nicht gelungen?
- Wo haben Sie einen groben Fehler gemacht?
- Wofür schämen Sie sich heute?
- Was würden Sie gerne ungeschehen machen?
- Was haben Sie unter den Teppich gekehrt?
- Und überlegen Sie: Wo ist eine Entschuldigung angebracht? Wo ein klärendes Wort? Welche Konsequenzen sollte ich ziehen? Was würde ich heute wieder so machen? Was anders?

### Gespräch und Gruppe

Suchen Sie zunächst jemanden aus der Gruppe, mit dem Sie sich besprechen möchten. Dann treffen wir uns wieder in der Gesamtgruppe. Sagen Sie uns doch, wofür Sie dankbar sind, und singen wir dazu einen Kanon: Danket, danket dem Herrn! (GL 406)

### Abschluss

Nun stoßen wir gemeinsam an: auf die Früchte unseres Lebens!

# ... hätte aber die Liebe nicht (1 Kor 13,1)
## Ein biblisch inspirierter Streifzug zum Thema Beziehungen

Mit dem Älterwerden gerät unser Beziehungsfeld in Bewegung. Soeben im lang erwarteten Ruhestand angekommen, muss ich feststellen, dass mir die Kolleg*innen doch fehlen. Mit ihnen habe ich durch das Berufsleben sicher mehr Zeit verbracht als mit meiner Familie. Nun sehe ich sie vom einen auf den anderen Tag nicht mehr, und die Beteuerungen wie: »Wir verlieren uns doch nicht aus den Augen!« erweisen sich oft als »gut gemeint«, aber nicht mehr. Langjährige Freundschaften haben sich im Lauf der Jahre so verändert, dass man sich fast nichts mehr zu sagen hat. Doch sind auch neue Beziehungen dazugekommen: eine Schwiegertochter, die neue Freundin des jüngsten Sohnes. Durch Reisen, die jetzt möglich werden, ergeben sich neue Bekanntschaften, durch den fast täglichen Gang in den Kindergarten, um ein Enkelkind von dort abzuholen, lerne ich andere Eltern und Großeltern kennen. Durch ein freiwilliges Engagement in einem Nachbarschaftsprojekt lerne ich ganz neue Leute kennen! Aber: Dachte ich als frisch gebackener Ruheständler gerade noch daran, welche alten Freundschaften ich aufleben lassen und was ich alles dazu unternehmen könnte, musste ich einige Jahre später einschränken: »Wenn ich noch die Kraft dazu habe«, »wenn der liebe Gott will« ... Damit aber werden auch die Kontakte wieder weniger oder schlafen ganz ein. Immer häufiger stellt sich auch die Frage: »Mit wem werde ich einmal leben?« Wohin soll ich ziehen, wenn ich nicht mehr allein leben kann? Zu den Kindern? In ein Seniorenheim? In eine Wohngemeinschaft? Mit dieser Frage sind viele Erwartungen und Wünsche verbunden, aber auch Stereotypen und Tabus. Eine Fortbildung des Fachbereiches Seniorenpastoral der Erzdiözese Wien beschäftigte sich einmal mit dem Thema Beziehungen im Alter. Von einem der Teilnehmer stammt folgendes Statement: »Was ich einmal nicht möchte, ist, anderen Menschen auf die Nerven zu gehen, indem ich sie dauernd anrufe oder ihnen vermittle, sie sollten sich mehr um mich kümmern. Da kenne ich selbst genug Beispiele, von denen ich sage: Lieber Gott, lass mich bitte nicht so werden wie … Täglich bete ich das Vaterunser, in dem es heißt: ›Dein Wille geschehe.‹ Das heißt dann für mich: Überlege, was der liebe Gott von dir möchte. Dazu wird er dir auch die Kraft geben. Auch wenn ich einmal ganz alleine im Pflegeheim landen sollte, wo mich niemand mehr kennt oder weiß, wer ich einmal war. Nur noch mit dem lieben Gott reden zu können, über das, was ich mir wirklich denke, das stelle ich mir ganz schön herausfordernd vor.« – Können Sie sich diesen Worten anschließen?

### Nur der Tod wird mich von dir scheiden (Rut 1,17)

Das alttestamentliche Buch Rut beginnt mit der Geschichte der Noomi, die unter unglücklichen Umständen Witwe geworden ist, und ihren beiden Schwiegertöchtern, Orpa und Rut, deren Männer ebenfalls verstarben. Noomi stellt ihren Schwiegertöchtern frei, wieder in ihre Heimat zurückzukehren, um dort wieder zu heiraten. Orpa nimmt dieses Angebot an, Rut entscheidet sich bei der Schwiegermutter zu bleiben und sagt das mit den Worten: »Der HERR soll mir dies und das antun – nur der Tod wird mich von dir scheiden.« (Rut 1,17) Der Satz zeugt von einer außergewöhnlich großen Zuneigung zwischen Schwiegertochter und Schwiegermutter, von Verantwortung und Treue. Deshalb ist er in der Variante »bis der Tod euch scheidet« in die Feier der kirchlichen Trauung eingegangen. Liebe, Zuneigung, Verantwortung und Treue aber gehören zu einer jeden Beziehung.

- *Was macht für mich eine Beziehung aus?*
- *Wie denke ich über die Dauer von Beziehungen?*
- *Welche Beziehungen sind mir wichtig und was sind sie mir wert?*
- *Wie wirkt sich die heutige »Gesellschaft eines langen Lebens« auf die Gestaltung von Beziehungen aus?*

**Es ist nicht gut, dass der Mensch allein ist. Ich will ihm eine Hilfe machen, die ihm ebenbürtig ist. (Gen 2,18)**

Mit dem Älterwerden erhält der Gedanke der gegenseitigen Hilfe und Ergänzung von Mann und Frau, den die Bibel in der Perikope von der Erschaffung des Menschen anspricht und der traditionell auf Ehepartner bezogen wird, einen neuen Sinn. Spätestens wenn die Kinder aus dem Elternhaus ausgezogen sind, müssen sich die Eltern neu als Paar finden. »Miteinander älter werden« bedeutet heutzutage, dass Mann und Frau viele Jahre oder Jahrzehnte länger als bisher miteinander leben. Für beide ist dies eine große Umstellung; es geht nun darum, die richtige Balance zwischen Gemeinsamkeiten und persönlichem Freiraum zu finden.

Wird ein Partner krank oder gebrechlich, sodass er pflegerische Betreuung braucht, muss neu ausbalanciert werden. Familienangehörige, Freunde sowie ambulante Pflege- und Hilfsdienste können hier von den Notwendigkeiten des Alltags entlasten, sodass der Partner das Füreinander-Da-Sein nach seinen Kräften verwirklichen kann. Je nach Situation kann es auch der größere Liebesdienst sein, stationäre Betreuung in Anspruch zu nehmen. Auch ein verstorbener Partner/eine verstorbene Partnerin kann eine wichtige Bezugsperson bleiben. Doch gehen Senior*innen vielfach eine neue Partnerschaft ein, weil sie spüren, dass es für sie »nicht gut ist, alleine zu sein.«

- *Wie habe ich die Stelle Gen 2,18 immer verstanden? Wie verstehe ich sie heute?*
- *Was hindert, Zukunftsfragen, gleich welcher Art, miteinander zu besprechen?*
- *Wann spreche ich mit meinem/r Partner*in über …?*
- *Welche Akzente möchten/müssen wir in unserer Partnerschaft setzen, damit sie gelingt?*

**Ich und die Kinder, die der HERR mir gegeben hat (Jes 8,18)**

Die Beziehung zwischen Eltern und Kindern ist im Laufe des Lebens starken Wandlungen ausgesetzt. Zunächst sind die Kinder auf die Eltern angewiesen und ihnen anvertraut. Hauptsächlich die Eltern erschließen ihnen das Leben. Mit dem Älterwerden der Kinder verändert sich diese Beziehung, in der die Kinder von den Eltern abhängig sind, – oft unmerklich – zu einer partnerschaftlichen. Ein bedeutsamer Einschnitt in die Eltern-Kind-Beziehung ist die Geburt des ersten Enkelkindes, da die nun zu Großeltern gewordenen Eltern sich in eine neue Rolle finden müssen. Solange die (Groß-)Eltern sich nicht in die Belange der neuen Familie ungebeten einmischen und solange sie auch bis ins hohe Alter selbstbestimmt leben können, werden sich auch keine größeren Probleme ergeben. Sie ergeben sich aber dann, wenn die (Groß-)Eltern auf Hilfe und Unterstützung angewiesen sind oder wenn ein (Groß-)Elternteil stirbt. Die Kinder stehen dann in der Spannung zwischen den Bedürfnissen der eigenen Familie und der Sorge um die alten Eltern. Diese kann zu schweren Konflikten führen, wenn es um einschneidende Entscheidungen geht wie zum Beispiel um die richtige Wohnform oder um Fragen von Pflege und Betreuung. Klare, offen besprochene und rechtzeitig getroffene Regelungen sind hier für alle entlastend.

* *Bin ich mir wirklich bewusst, dass die Kinder, die der Herr gegeben hat, längst keine »kleinen Kinder« mehr sind?*
* *Wie wünsche ich mir die Beziehung zu meinen Kindern?*
* *Was erwarte ich mir einmal von ihnen?*
* *Worüber sollten wir bald einmal sprechen?*

**Eine Krone der Alten sind Kindeskinder (Spr 17,6)**

Großeltern zu sein gehört zu den schönen Seiten des Alters. In der Bibel ist es Zeichen des Segens Gottes, seine Kinder und Kindeskinder zu sehen. Kinder eröffnen Zukunft und geben Großeltern die Chance, Zukunft mitzugestalten – ohne die Umstände des alltäglichen Elterndaseins. Großeltern haben viele Möglichkeiten, ihre Erfahrung und Kompetenz an die jüngere Generation zu vermitteln. Was bei den Eltern oft Mangelware ist, können sie anbieten: Zeit, Gelassenheit, ein Über-den-Dingen-Stehen, das Eingebundensein in eine weitere verlässliche Sozialbeziehung. Eine Herausforderung für Großeltern mag darin beste-hen, keines der Enkelkinder zu bevorzugen, sondern zu versuchen, je-dem in seiner Einzigartigkeit gerecht zu werden. Gläubige Großeltern haben sicher ein Problem damit, wenn sich ihre Kinder vom kirchlichen Leben distanzieren und die Enkelkinder den Glauben in der Familie kaum noch kennenlernen. Hier kann nur ein offenes Gespräch helfen. Manche Eltern gestehen den Großeltern in religiöser Hinsicht einen ge-wissen Freiraum zu oder sind manchmal sogar erleichtert, wenn sich Großmutter oder Großvater um die religiöse Erziehung kümmern. Vom Glauben zu sprechen und ihn vorzuleben, kann aber wiederum Glauben wecken.

- *Stimme ich dem Vers 17,6 aus dem Buch der Sprichwörter zu?*
- *Was ist mir für meine Enkelkinder wichtig?*
- *Wie steht es um die Kommunikation zwischen uns Großeltern und den Eltern?*
- *Welche Möglichkeiten habe ich, den Enkeln den Glauben zu vermitteln?*

## Sprich nicht darüber, meine Schwester, er ist ja dein Bruder (2 Sam 13,20)

Geschwister kann man sich nicht aussuchen, daher gibt es in den Bezie-hungen zwischen ihnen wohl nichts, was es nicht gibt. Sie lieben und hassen sich, vertrauen einander blind und sind bei der nächsten Gele-genheit wieder Rivalen. Um die Vielfalt der Geschwisterbeziehungen weiß die Bibel genau. Sie spricht ganz offen darüber – gleich ob es sich um Rivalitäten handelt (Gen 4,1–16), um Betrug (Gen 27,1–45), um Ver-gewaltigung (2 Sam 13,1–22), um späte Versöhnung (Gen 33,1–20), um Mobbing (Gen 37,1–36), um Vergebung und Neuanfang (Gen 45,1–15), um das Ausüben des gleichen Berufes (Mk 1,16–20) oder das Verfolgen gemeinsamer Ideale geht (Joh 1,36–42). Doch mit Geschwistern lassen sich auch Erinnerungen und Erlebnisse austauschen, die man mit niemandem anderen teilen kann, und Fragen an die Vergangenheit stellen: nach der Beziehung zu den Eltern; nach den Gründen für Eifersucht, nach dem Grund für unterschiedliche Wege, Zurücksetzung oder Konkurrenz. Manche Geschwister pflegen miteinander gute Kontakte, bei anderen hat es den Anschein, außer den Eltern gäbe es zwischen ihnen nichts Gemeinsames. Im Alter suchen viele wieder die Nähe zueinander – ein unvorhergesehenes Ereignis ist dazu oft der Anlass.

- *Wie habe ich die Zeit mit meinen Geschwistern im Elternhaus in Erinnerung?*
- *Was habe ich an meinen Geschwistern immer bewundert, worum habe ich sie beneidet?*
- *Wie hat sich die Beziehung zu ihnen im Laufe der Zeit verändert?*
- *Was steht jetzt zwischen ihnen und mir an?*

## Selig, wer Klugheit findet und der zu Ohren spricht, die zuhören (Sir 25,9)

In der Ausgabe der Einheitsübersetzung der Bibel von 1979 ist dieser Vers folgendermaßen übersetzt: »Wohl dem, der einen Freund hat und der zu Ohren sprechen darf, die hören.« Die Bibel spricht an vielen Stellen über Freunde und den Wert der Freundschaft. Freundschaft beruht auf Zuneigung, Vertrauen und Übereinstimmung in vielen Dingen des Lebens, sie überdauert auch zeitlichen und räumlichen Abstand und erweist sich oft als stabilste Beziehung im Leben. – Der entfernte Verwandte der Freundschaft ist die Nachbarschaft. Nachbarn kann man sich nicht aussuchen. Sie sind »in der Nähe«, teilen die Wohngegend und in manchem auch den Alltag, sind zu kleinen Gefälligkeiten und Hilfen »da«. Nachbarn können Vertrauenspersonen sein, besonders dann, wenn Angehörige weiter entfernt wohnen. Selbstverständlich kann eine Nachbarschaft auch zu Freundschaft werden. – Ähnlich ist es mit Arbeitskollegen. Oft verbrachte man mit ihnen mehr Zeit als mit dem Ehepartner, teilte mit ihnen den beruflichen Alltag und andere Interessen oder Probleme. Mit dem Ausscheiden aus dem Berufsleben ändert sich aber hier so manche über lange Jahre wertvolle, ja freundschaftliche Beziehung.

- *Wie grenze ich Freundschaft, Nachbarschaft und Kollegenschaft voneinander ab?*
- *Ich erstelle eine Liste meiner Freundinnen, Freunde, Kollegen … und überlege mir dazu eine Reihenfolge.*
- *Welche Beziehung möchte ich erhalten, welche nicht und warum?*
- *Was schätze ich an meinen Freunden, Nachbarn, meinem Bekanntenkreis, und wie pflege ich ihn?*

### Ehre deinen Vater und deine Mutter (Ex 20,20)

Kein anderes Gebot wird im Alten Testament so oft erwähnt wie das Elterngebot. Alte Eltern hatten offensichtlich eine so schlechte soziale Stellung, dass sie unter den besonderen Schutz Gottes gestellt werden mussten, um sie vor Geringschätzung und das Abgleiten in eine Außenseiter-Rolle zu bewahren. Das Gebot ist weder als Erziehungsmittel bei kleinen Kindern gedacht, noch geht es ihm um eine Vergötterung der Alten. Das hebräische Wort für »ehren« meint, mit jemandem respektvoll umgehen, sein Ansehen achten und die dafür nötigen Mittel bereitstellen. Es geht um das Verhältnis zwischen Erwachsenen: zwischen jenen, die auf der Höhe des Lebens stehen, und jenen, die Versorgung, Pflege und Betreuung brauchen. Es geht um eine Solidarität des Stärkeren mit dem Schwächeren, aber auch um die richtige Balance zwischen Zuwendung und Fürsorge einerseits und notwendiger Abgrenzung andererseits. Die Fürsorge für die alten Eltern darf nicht dazu führen, sich selbst und die eigene Familie zu vernachlässigen.

- *Welche Rolle hat das Elterngebot in Ihrer Kindheit gespielt?*
- *Was möchten Sie im Blick auf eigene Erfahrungen in Ihrer Kindheit und Jugend vermeiden?*
- *Wie schaffen Sie die Balance zwischen den Erwartungen der Eltern und Ihren Bedürfnissen und Möglichkeiten?*
- *Welche Entscheidungen, die Sie betreffen, können Sie nicht Ihren Kindern überlassen, und was sollten Sie mit Vertrauenspersonen besprechen, ehe es zu spät ist?*

### Ein anderer wird dich gürten und dich führen, wohin du nicht willst (Joh 21,18)

Ein Wort des Auferstandenen an Petrus, mit dem er darauf aufmerksam macht, dass zum Leben auch eine Seite gehört, die man gerne so lange als nur möglich verdrängt – die Zeit, in der man auf die Hilfe und Betreuung durch andere angewiesen ist. Sie beginnt meist unmerklich; langsam wird mehr und mehr Hilfe nötig: Für Handgriffe, die bisher kein Problem waren, muss ich jemanden bitten, zu helfen. Irgendwann stellt sich die Frage nach einer Haushaltshilfe, dem Einkaufsdienst, einem Besuchsdienst, einer mobilen Krankenschwester. Der Umzug in eine Pflegeeinrichtung lässt sich nicht mehr aufschieben. Alle diese Situationen sind auch mit Beziehungen verbunden, doch diese beruhen nicht auf Verwandtschaft, Freiwilligkeit oder Sympathie, sondern auf Notwendigkeit, und erfordern viel Vertrauen.

- *Wie stelle ich mich auf solche Situationen ein?*
- *Wo und mit wem werde ich einmal wohnen?*
- *Was löst der Gedanke, einmal nur von fremden Menschen umgeben zu sein, in mir aus?*
- *Gelingt es mir, Hilfe anzunehmen – auch wenn ich dazu über meinen Schatten springen muss?*

## Denn du bist meine Hoffnung, Herr und GOTT, meine Zuversicht von Jugend auf (Ps 71,5)

Der Beter des Psalms hat Gott als »Hoffnung von Jugend auf« und »Zuversicht« kennengelernt. Bisher ist seine Gottesbeziehung recht geradlinig verlaufen. Im Alter gerät sie ins Wanken: Schmerzliche Erlebnisse wie Krankheit, Verlassenheit, Feindseligkeiten lassen ihn daran zweifeln, dass Gott immer noch Helfer und Schutz ist. Vielleicht lebt der Beter auch in einer Umgebung, die Gott gegenüber gleichgültig, wenn nicht sogar feindlich eingestellt ist. Wie dem auch sei – die Frage nach meiner Gottesbeziehung, nach meiner Hoffnung, nach meinem Glauben lässt sich nicht umgehen. Wie hat sich mein Verhältnis zu Gott entwickelt bzw. verändert?

- *Welche Gottesbilder sind mir für mein Leben wichtig?*
- *Wie habe ich seit meiner Kindheit Gott erfahren?*
- *Was hat meinen Glauben behindert, was gefördert?*
- *Hilft mir der Glaube, in den unangenehmen Seiten des Alters einen zu Sinn finden?*

# Scheitern – eine Chance?
## Gesprächs- und Besinnungsnachmittag

*Das Modell besteht aus einem Besinnungs- und Gesprächsteil sowie einem Gebetsteil (Gottesdienst).*

## Besinnungsteil

### Vorbereiten
Gestaltete Mitte aus Holzscheiten, Zitronen, Scherben.

### Einleitung
»Daran bin ich gescheitert.« »Die Beziehung ist wieder gescheitert.« »Wer ist nicht schon alles an … gescheitert!« »Das Vorhaben war von Anfang an zum Scheitern verurteilt …« »Obwohl er fast daran scheiterte, ist es gelungen …« »Sie konnte ein Scheitern gerade noch verhindern«. »Wer einmal gescheitert ist, der …« Scheitern oder Nicht-Scheitern ist demnach das Resultat eines individuellen Erfolges oder Versagens. Doch woher kommt das Wort »Scheitern«? Es hat seinen Ursprung im mittelhochdeutschen Wort »scit«, der Bezeichnung für ein kleineres Stück Holz. Scheite entstehen, wenn größere Holzstücke mit der Axt gespalten werden. Scheitern bedeutet demnach: in Stücke zerlegen, spalten. In diesem Sinne gelangte das Wort in die Seemannssprache. Seeleute sprechen vom Scheitern eines Schiffes, wenn es auf einen Felsen oder eine Sandbank aufläuft und zerschellt. In unserem Sprachgebrauch wird damit gesagt, dass etwas Ganzes, etwas, das funktioniert hat, durch ein Ereignis unwiederbringlich kaputt ist; oder auch, dass ein Vorhaben durch immer wieder auftauchende Widerstände nicht gelingt.

### Besinnung und Gespräch
Überlegen Sie zunächst für sich und dann mit einem/einer Gesprächspartner*in!

- Das Gefühl, gescheitert zu sein, macht mir zu schaffen:
  - Woran in Ihrem Leben sind Sie gescheitert?
  - Woran scheitern Sie immer wieder?
  - Ein anderes Wort für scheitern ist …
  - Überlegen Sie sich ein oder zwei Dinge aus Ihrem Leben, die Ihnen ein Gefühl des Scheiterns vermitteln …

- Ich bin gescheitert:
  - Bin ich deshalb ein Versager?
  - Womit kämpfe ich fast täglich?
  - Gehört Scheitern zum Alltag?
  - Was hilft mir wieder aufzuleben?

- Auch eine Sicht von Scheitern:
  - Fürchte dich nicht vor langsamem Vorwärtsgehen, fürchte dich nur vor dem – Stehenbleiben.
  - Im Meer von Sorgen kann man untergehen oder Schwimmen lernen.
  - Auch aus Steinen, die dir in den Weg gelegt werden, kannst du etwas Schönes bauen.
  - Hinfallen, aufstehen, Krone richten, weitergehen.
  - Höre nie auf anzufangen; fange nie an aufzuhören.
  - Scheitern ist ein Umweg, keine Sackgasse.
  - Wenn dir das Leben Zitronen gibt, mach Limonade daraus!

**Zusammenfassung und Weiterführung**

Mir gefällt die Einstellung: »Wenn dir das Leben Zitronen gibt, mach Limonade draus«! Nicht zufällig liegen neben den Holzscheiten hier Zitronen.

Zitronen sind für uns etwas Alltägliches. Sie haben eine eher harte Schale, sind sauer, nicht besonders nahrhaft und haben lästige Kerne. Sie haben auch wertvolle Vitamine, aber niemand würde deshalb in eine

Zitrone so herzhaft hineinbeißen wie in eine saftige Aprikose. Ich könnte nun sagen, mit einer Zitrone kann ich nicht wirklich etwas anfangen, und sie liegen lassen oder wegwerfen. Ich kann aber auch versuchen, etwas Brauchbares daraus zu machen – in diesem Falle eben, sie auszupressen und zu einer Limonade zu verarbeiten. Was kann uns dieses Beispiel – und auch die anderen – sagen? Sammeln wir dazu unsere Gedanken:

Scheitern und Erfolg-Haben liegen dicht beieinander.
Es gibt nichts, was selbstverständlich ist.
Wenn sich der Weg zu einem Ziel als Sackgasse erweist, ist es keine Schande, umzukehren und einen anderen Weg zu versuchen.
Es ist auch keine Schande, ein Ziel, das sich als unrealistisch herausstellt, zu korrigieren.
Ein Misserfolg kann mehrere Ursachen haben. Ich kann nicht alles wissen oder beeinflussen, für meinen Teil aber übernehme ich Verantwortung.
Auch Misserfolge führen zu einem Erfolg.
Bevor ich wirklich aufgebe, hole ich mir Rat oder Unterstützung.
Brüche im Leben gehören zu mir. Ich muss sie nicht verbergen. Ich stehe dazu.

Die letztere Meinung führt uns wieder zurück ins Mittelalter. Dort hatte »scheitern« nicht den Beigeschmack einer Katastrophe, sondern es gehörte zum Leben. Man stellte sich die Zeit oder das Leben als ein sich drehendes Rad vor. Aufstieg und Abstieg, Glück und Unglück, Scheitern und Sich-wieder-Aufrichten betrachtete man damit nicht als Resultat individuellen Erfolgs oder Versagens. Es gehörte vielmehr zum natürlichen Lauf des Lebens. Diesen kann der Einzelne nicht ändern; er kann nur damit leben und versuchen, das Beste daraus zu machen. Dem Lebenslauf zufügen, was ihm zu einem gelungenen Ganzen fehlt, ist Sache Gottes. Im Gegensatz dazu verstand die Neuzeit das Leben als eine linear verlaufende, aufwärtsstrebende Bewegung. Ob diese gelingt, liegt am Bemühen des Einzelnen. Gelingen und Scheitern sind dann nicht mehr Teil des Lebens, sondern Ergebnis unserer Taten, und Scheitern bedeutet eine Niederlage. Dann gibt es auch keine Chance, aus Fehlern zu lernen oder noch einmal zu beginnen. Die mittelalterliche Sicht hingegen besagt, wer scheitert, hat zwar eine Option verloren, doch stehen ihm neue Möglichkeiten offen. Dazu muss er aber das Vergangene als zu ihm gehörend annehmen, daraus lernen und sich neu orientieren. Unser Glaube sagt uns dazu, dass wir bei diesem Bemühen nicht auf uns alleine gestellt sind, sondern uns Gott dabei unterstützt.

### Abschluss

Bevor wir unsere Überlegungen in einer gemeinsamen Gebetszeit zusammenfassen, möchte ich noch einen Gedanken hinzufügen. In Japan gibt es eine eigene Reparatur-Methode für zerbrochene Vasen oder Schalen, die Kintsugi-Methode. Dabei werden die Scherben mit einem goldenen Speziallack geklebt, fehlende Teile mit einem Kitt ergänzt, in den Pulvergold gestreut wurde. Dadurch werden die Brüche nicht verborgen, sondern vergoldet! Das reparierte Gefäß schaut interessanter aus als das ursprüngliche. – Können wir daraus folgern, dass Menschen, denen es gelingt, mit Brüchen zu leben, viel zu sagen haben? Was meinen Sie dazu?

### Gebetsteil

### Vorbereiten

Musik, Scherbenhaufen, Holzscheite, Text des Gebetes »Liebender Gott« für alle, Liedtext »Gottes guter Segen sei mit euch«

Zur Einstimmung ruhige Musik

## Besinnung

Ein Scherbenhaufen und Holzscheite. Immer wieder stehen wir vor Scherben, immer wieder sind wir irgendwo gescheitert. Mit dem, was in die Brüche gegangen ist, schlagen wir uns oft lange herum. Vielleicht fragen wir uns auch, wo denn bei dem, was geschehen ist, der liebe Gott war.

Stille – Musik

Solange die Scherben ein Topf waren oder ein Teller oder eine Vase, waren sie brauchbar. Vielleicht sogar ein Schmuckstück, um das uns viele beneidet haben. Nun aber sind der Topf oder der Teller oder die Vase in Brüche gegangen. Was sie einmal waren – es ist wertlos geworden, Schutt.

Stille – Musik

Wir trauern um ein praktisches Stück Geschirr, das wir täglich verwendet haben, um ein Schmuckstück, das nicht mehr zu ersetzen ist, um eine Beziehung, die unerwartet zu Ende gegangen ist, sind betroffen über ein Ereignis, das so viel kaputt gemacht hat. Unwiederbringlich.

Stille – Musik

Wer eine Scherbe oder ein Holzscheit in die Hand nimmt, muss aufpassen, dass er sich nicht verletzt. Wer immer nur auf Scherben schaut und auf das, was in die Brüche gegangen ist, wird seines Lebens nicht mehr froh. Aber – hat wirklich einmal jemand behauptet, der Mensch sei zum Scheitern geboren? Gibt es nicht Kräfte in uns, die sagen, dass wir aus einem Scherbenhaufen auch wieder herausfinden können?

Stille – Musik

Wir hören dazu die Geschichte von einem jungen Mann, der im Leben gescheitert ist, aber seinen Weg aus dem Scherbenhaufen gefunden hat:

## Evangelium

Das Gleichnis vom verlorenen Sohn (Lk 15,11–23)

## Austausch

Erlebte oder denkbare Wege aus dem Scherbenhaufen. Können wir sie als Gottes Zusage »ich bin da« verstehen?

## Zuspruch

*Jeden Tag neu anfangen*

Fang jeden Tag an als ein neuer Mensch.
Jeder Tag soll wieder dein erster Tag sein,
dein allererster Tag.
Gestern und alle früheren Tage und Jahre
sind vorbei, begraben in der Zeit.
An ihnen kannst du nichts mehr ändern.

Gab es Scherben?
Schlepp sie nicht mit dir herum.
Denn sie werden dich Tag um Tag verwunden,
bis du am Ende nicht mehr leben kannst.
Es gibt Scherben,
die du in Gottes Händen los wirst.
Es gibt Scherben,
die du mit ehrlicher Vergebung heilen kannst.
Und es gibt Scherben,
die du bei aller Liebe
nicht heilen kannst.
Die musst du liegen lassen.

Du musst jeden Tag neu anfangen.
Das ist die Lebenskunst.

Jeden Tag neu sein wie das Licht der Sonne.
Jeden Morgen aus der Nacht aufstehen.
Jeden Tag neu anfangen
mit Händen voller Hoffnung und Vertrauen.
Aber nicht mit den Scherben von gestern!
Phil Bosmans

## Gebet

Jede*r nimmt sich eine Scherbe oder ein Holzscheit – wir beten gemeinsam:

Liebender Gott,
oft bricht in unserem Leben etwas in Stücke. Manchmal liegen wir auch wie eine unansehnliche Scherbe oder wie ein dürres Holzscheit am Boden. Mit unseren Scherben und Bruchstücken kommen wir zu dir:

Schau auf das, was wir dir entgegenhalten,
heile, was zu heilen geht,
hilf uns anzunehmen, was nicht mehr zu heilen ist,
und gib uns die Kraft, mit unseren Brüchen und Narben zu leben.

Nimm dich aller an,
denen es an etwas fehlt,
die mit ihrer Schuld nicht fertig-
oder ihres Lebens nicht mehr froh werden.

Erbarme dich aller,
die unzufrieden sind,
kleinmütig, hartherzig,
verbittert oder verzweifelt:

*(An dieser Stelle ist Zeit für stilles Gebet und Fürbitte.)*

Stärke unsern Glauben und unser Vertrauen,
festige uns in der Liebe
und vollende das gute Werk,
das du selbst in uns begonnen hast.

## Friedensgruß

Wir wünschen einander Versöhnung und Frieden …
und vor allem Gottes Segen mit dem Lied:

Gottes guter Segen sei mit euch! (Siegfried Fitz / Liederbücher)

## Segenswort

Gott, der Vater, der Sohn und der Heilige Geist, Gott, der größer ist als unser Herz,
segne uns heute und alle Tage und in alle Ewigkeit.
Amen.

*Noch eine Anregung zum Schluss:* Schreiben Sie auf einen Zettel Ihre drei größten Stärken, befestigen Sie den Zettel an Ihrem Holzscheit oder Ihrer Scherbe und legen Sie diese/n an eine Stelle, an der Sie im Verlauf eines Tages oft vorbeikommen.

# Danket, danket dem Herrn
## Erntedank und die christliche Haltung der Dankbarkeit

Einmal im Jahr begehen wir Erntedank. Pfarreien, Heimat- und Brauchtumsvereine richten Erntedankfeiern aus, der Obstbau- und Gartenverein hält seine Jahreshauptversammlung mit einem Rückblick auf seine Tätigkeit ab. Die Kirche ist geschmückt mit dekorativen Obst- und Gemüsearrangements, bunten Blumen, einer Erntekrone; mit einem feierlichen Gottesdienst dankt die Gemeinde Gott für die Ernte dieses Jahres. Das Erntedankfest erinnert sozusagen »von außen« an die Grundhaltung der Dankbarkeit, die die Menschen Gott entgegenbringen sollen. Der Erinnerung kommt in der Bibel allgemein eine große Bedeutung zu, denn Erinnerung führt zu Dank. Hier aber geht es nicht darum, einen Gott zufriedenzustellen, der auf menschlichen Dank angewiesen ist, sondern vielmehr soll der Mensch begreifen, wer er ist: ein von Gott Beschenkter, ein Mitarbeiter Gottes, einer, dem Gott vieles anvertraut hat und noch immer anvertraut und dem er – vor allem – vertraut.

In den Psalmen ist mit dem Dank für die Feldfrüchte immer der Dank für alle Gaben, die Gott schenkt, verbunden. Dank aber führt zum Lob Gottes, das zu singen Aufgabe der Menschen ist. (Psalm 19, 36, 40, 65, 104, 145) Das Neue Testament deutet die alttestamentlichen Dankfeste tiefer, indem es Jesus Christus als »Erstlingsgabe« bezeichnet. (1 Kor 15,20–23) Jesus verbindet sich im Abschiedsmahl vor seinem Tod mit Brot und Wein und dankt seinem Vater dafür. Wir können dieses Handeln Jesu so verstehen, dass er für alles dankt, was durch ihn geworden ist und in seinem Namen künftig weiter geschieht. Er sendet ja die Apostel aus, die Ernte einzubringen. (Mt 9,38) Der Dank dafür, Mitarbeiter Gottes zu sein, wird daher zur Grundhaltung eines jeden Einzelnen und der christlichen Gemeinde. Die Arbeit im Reich Gottes ist an keinerlei Altersgrenzen gebunden. Hier gibt es zahlreiche Möglichkeiten, die jeder für sich entdecken und – je nach seinen Kräften und seinem Vermögen – ausfüllen kann.

Das Erntedankfest, und mit ihm die Dankbarkeit des Menschen Gott gegenüber, kann viele Aspekte annehmen:

den Dank für alles, was mir geschenkt ist, den Dank für alles, was mir gelungen ist und gelingt, den Dank für das Vertrauen, das mir Gott als seinem Mitarbeiter entgegenbringt, den Dank für das, was andere für mich tun, den Dank für die Schöpfung und ihre vielen schönen Seiten, den Dank, dass das, was ich begonnen habe, weitergebaut wird …

## Anregungen zu Dank und Erntedank

- *Kleine Geschichte des Erntedankfestes*
  Das Einbringen der Ernte war für die Israeliten Anlass zu einem großen Dankfest. Dabei dankten sie Gott aber nicht nur für die gerade herangereiften und geernteten Feldfrüchte, sondern besannen sich auf alles, was sie Gott verdankten. Ein schöner Beispieltext dazu ist das 8. Kapitel des Buches Deuteronomium. Er erinnert Israel an alles, was es Gott zu verdanken hat, und unterstreicht, dass alles, was es zum Leben braucht, sein Geschenk ist – unmittelbar und auch mittelbar, denn letztlich kommt auch die Kraft, die Menschen für ihre Aufgaben und Tätigkeiten brauchen, von Gott.
  Kirchliche Erntedankfeste sind seit dem 3. Jahrhundert nachweisbar. Da die Ernte – je nach Landstrich – zu einem anderen Zeitpunkt reif ist, wurden sie zu regional unterschiedlichen Terminen gefeiert. Für das Königreich Preußen wurde im Jahr 1773 durch königlichen Erlass der Sonntag nach Michaelis (29. September) zum Erntedankfest bestimmt. Dieser Termin setzte sich zunächst in den evangelisch geprägten Gegenden durch. Die deutsche kath. Bischofskonferenz empfahl 1972 das Erntedankfest am ersten Sonntag im Oktober zu feiern. Da es sich gewöhnlich um den gleichen Sonntag handelt, ist es sinnvoll, eine Erntedankfeier ökumenisch zu gestalten. Bei ihrer Gestaltung können sich auch Seniorengruppen gut einbringen können. Sprechen Sie in der Gruppe über:

- Erntedank-Brauchtum.
- Erntedankfeiern, an die Sie sich gerne erinnern.
- Die Feier des Erntedankfestes in der Zwischenkriegs-, der Kriegs-, der Nachkriegszeit: Kann jemand aus der Gruppe darüber berichten? Wie wirk(t)en sich herrschende Zeitströmungen auf die Gestaltung des Erntedankfestes aus?
- Mit welchen Akzenten feiern wir heute Erntedank?

- *Erntedank-Korb*

Das Obst und das Gemüse und die anderen Lebensmittel in unserem Erntedankkorb sind Zeichen für die vielen Dinge, für die wir danken können:

Der *Kürbis* verweist auf die Welt, in der wir leben und die wir schätzen: unser Haus, unsere Wohnung, unsere eigenen vier Wände.

*Äpfel, Kartoffeln, Salat, Wasser* haben wir selbstverständlich zu jeder Jahreszeit. Weil sie so selbstverständlich da sind, schätzen wir sie – wie andere Grundnahrungsmittel auch – gar nicht so richtig. Ähnlich ist es mit unserem Alltag. Er ist oft eintönig. Deshalb wollen wir ihm häufig entfliehen. Doch die Dinge, die einfach da sind, sind die Grundlage, die wir zu allem anderen brauchen und die Sicherheit vermittelt.

*Nüsse* müssen geknackt werden. Immer wieder gibt es etwas, was uns herausfordert. Ohne solche Herausforderungen wäre unser Leben eintönig und farblos.

*Karotten* sind Symbol für tiefe und gute Beziehungen. Auch in guten Beziehungen gibt es Meinungsverschiedenheiten, Auseinandersetzungen, Konflikte.
Dadurch sehen wir aber manches kontrastreicher und schärfer. Ein *Rettich* weist darauf hin.

*Honig und Blumen* sind Zeichen für die vielen kleinen Dinge, die unser Leben verschönern: liebe Worte, kleine Aufmerksamkeiten, nette Überraschungen.

*Zwiebel, Salz, Gewürzpflanzen* erinnern an die Menschen, die im Hintergrund stehen, ohne die aber vieles nicht funktionieren würde. Oft wird vergessen, ihnen zu danken.

*Eier* deuten einerseits an, dass Wichtiges im Verborgenen geschieht, andererseits, dass manche harte Schale einen weichen Kern hat. Vieles, was zunächst unlösbar erschien, hat sich überraschend gewendet.

*Konserven* besagen: Manches möchten wir gerne tun oder haben, können das aber nicht ohne die Hilfe anderer, wie zuweilen das Öffnen von Konserven. Dem, der uns hilft, sind wir dankbar.

*Saft und Wein* – einen »guten Tropfen« – schätzen wir alle. Besonders gerne trinken wir ihn bei festlichen Anlässen oder in netter Gesellschaft.

Die *Kerze* spricht von Festlichkeit, aber auch von Geborgenheit und Wärme und davon, dass bereits ein kleines Licht die Dunkelheit vertreibt. Ihr Licht kann uns zu Jesus Christus hinführen, der uns immer Licht ist und der uns stärkt wie *Brot*.

Täglich können wir für etwas danken. Danken aber macht froh und innerlich reich. Ein dankbarer Mensch wird kaum an seinem Leben verzweifeln oder an Gott irrewerden, denn er weiß, dass alles, was unser Leben bereichert, und alles, was Menschen einander Gutes tun, von ihm kommt. Er ist für uns da und beschenkt uns mit seinen Gaben.

- *Wofür ich danken möchte ...*

Für ältere Menschen ist das Erntedankfest ein Anlass, ihr Leben zu betrachten und danach zu fragen, wofür sie dankbar sein können. Dies betrifft nicht nur die Vergangenheit, sondern auch die Gegenwart. Häufig bleibt ja der Blick stecken bei dem, was nicht (mehr) funktioniert. Auch wenn vieles anders oder nicht mehr so gegeben ist wie früher oder wie ich es gerne hätte: Es gibt immer etwas, worüber ich mich freue und wofür ich dankbar sein kann:

- Für ein Leben, das keinen Kampf ums Überleben bedeutet ...
- Für Enkelkinder, funktionierende Beziehungen, ein soziales Netz ...
- Für die eigenen Talente, Fertigkeiten ...
- Für die zahlreichen Möglichkeiten der Lebensgestaltung auch im hohen Alter ...
- Für die Menschen, denen ich vertrauen kann ...
- Für die Früchte meines Glaubens ...
- Für alles, was mich glücklich macht ...
- Für alle, die sich an mich erinnern und die sich um mich kümmern ...
- Für ...

*(Setzen Sie die Liste fort und verwenden Sie sie als Themensammlung für künftige Seniorennachmittage!)*
Natürlich könnte vieles besser sein, aber im Grunde genommen geht es uns gut, zweifellos besser als den Senioren früherer Zeit ...

- *Einmal im Jahr die »Ernte der Senioren« einbringen. Beispiele:*
  - Die Kreativwerkstatt veranstaltet eine Ausstellung ihrer Werkstücke und nennt den Betrag, der durch den Verkauf der Stücke erzielt wurde, und seinen Verwendungsweck.
  - Der Besuchsdienst nennt die Zahl der Besuchten und den damit verbundenen Zeitaufwand.
  - Die Kontaktperson der Pfarrei zum Seniorenheim informiert.
  - Der Seniorentanzkreis zeigt einen meditativen Tanz.
  - Die Gymnastik- und Turngruppe lädt ein, sich anzuschließen.

- Der/die Leiterin*in des Seniorenklubs gibt einen Überblick über die Treffen und die Zahl der Teilnehmer*innen.
- Der Arbeitskreis Trauerpastoral berichtet.
- Der für die Seniorenarbeit zuständige Pfarrgemeinderat zählt auf, welche Aufgaben die Senioren für die Pfarrei wahrnehmen.

- *Dank für das Brot*
  Wir sehen hier (gestaltete Mitte) eine Vielfalt an Brot-Sorten: Schwarzbrot, Weißbrot, Toastbrot, Knäckebrot ... Immer wieder kommen neue Sorten dazu. Brot ist Grundnahrungsmittel und ein Zeichen für vieles, was wir zum Leben brauchen: Gemeinschaft, Aufmerksamkeit, Befriedigen von Bedürfnissen, Vielfalt ...

  - Gab es immer Brot für alle? Wurde selbst gebacken oder beim Bäcker gekauft?
  - Welche Sorte war Ihr Lieblingsbrot? Welches Brot essen Sie heute gerne?
  - B.R.O.T. sind die Anfangsbuchstaben der Worte Beten, Reden, Offensein, Teilen. Welche Gedanken kommen Ihnen im Blick auf das Erntedankfest dazu?
  - Was fällt Ihnen noch zu Brot ein?
  - Kennen Sie ein besonderes Zeichen oder Wort der Wertschätzung oder des Dankes für das Brot?

  *(Auch möglich mit verschiedenen Sorten Obst, Wasser, Wein und anderen Lebensmitteln)*

- *Zeichen des Dankes*
  Wir sind von Gott reich beschenkt. Daher haben wir uns überlegt, welche Zeichen unseres Dankes wir setzen können:
  Es ist Geschenk Gottes, wenn wir mehr haben, als wir brauchen. Daher wollen wir teilen.

Es ist Geschenk Gottes, wenn wir in Frieden leben können. Daher bemühen wir uns um Frieden.

Es ist Geschenk Gottes, wenn wir Zeit haben. Daher nehmen wir uns Zeit, um füreinander da zu sein.

Es ist Geschenk Gottes, wenn Menschen für uns da sind. Daher setzen wir uns für andere ein.

Es ist Geschenk Gottes, wenn wir mit unserem Leben im Reinen sind. Wir können daran arbeiten und anderen ein Beispiel geben.

Weil wir reich beschenkt sind, setzen wir ein Zeichen. Wir haben uns entschlossen: *ein Projekt zu unterstützen, eine Patenschaft zu übernehmen, uns zu kümmern um ...*

Danke zu sagen ist oft nicht mehr selbstverständlich. Wir sagen es heute ganz bewusst: Danke für alles, was unser Leben bereichert, verschönert, vertieft. Dank sei Gott.

- *Verantwortung für die Nachwelt*
  Wie soll die Welt ausschauen, dass auch meine Nachfahren gut auf ihr leben und sich an der vielfältigen Schöpfung freuen können? Was kann ich dafür tun?

- *Eine Dankfeier hat auch einen Platz*
  - als Abschlussgottesdienst des Arbeitsjahres
  - als Gottesdienst zum Ausklang der Jahres
  - als Abschluss eines gelungenen Projektes
  - bei Geburtstagen oder Jubiläen
  - als Gottesdienst für Mitarbeiterinnen und Mitarbeiter

- *Gestalten Sie mit Hilfe der Texte dieses Abschnittes oder des ganzen Kapitels »Ernten« einen Nachmittag zum Erntedank und/oder einen (Ernte-)Dankgottesdienst.*

## Segensgebet

Der Herr, unser Gott,
dem wir unsere Welt verdanken,
der uns mit vielen Gaben beschenkt,
sei uns allezeit nahe.

Mit seiner Hilfe wachse
und reife unser Leben;
die Güte, die er uns erweist,
mache uns dankbar und froh.

Seine Liebe begleite uns
und alle, die nach Liebe Ausschau halten;
die Treue, mit der er um uns ist,
geleite uns ein Leben lang.

So segne uns der dreifaltige Gott,
der Vater, der Sohn und der Heilige Geist.
Er bleibe bei uns heute und alle Tage
und in alle Ewigkeit. Amen.

## Dankgebet

Dank dir, Herr,
für die Gabe des Lebens:
einen gesunden Körper,
Kraft, meine Arbeit zu leisten,
Gesicht und Gehör,
Geruch und Geschmack.

Dank für die Augen,
die Wunder der
Schöpfung zu sehen,

für die Ohren,
das Wehen des Windes,
den Gesang der Vögel
und die Gespräche
meiner Freunde
zu hören.

Dank für die Beine,
die mich tragen,
Dank für die Hände,
die schreiben,
Dank für das Gehirn,
zu denken und
zu entscheiden.

Dank dir für Regen
und Sonne,
für das frische, fließende Wasser,
für die Ernte an Früchten
und Gemüsen, für Rinder,
Schafe und Ziegen.

Aus Kenia

# Aller Abschied fällt schwer ...
## Abschiede im Lebenskreis

»Aller Abschied fällt schwer« – behauptet der Volksmund. Dass das nicht immer stimmen muss, sagt uns ein Blick auf unser Leben. Es ist ein ständiges Abschiednehmen. Abschiede sind mit ganz unterschiedlichen Gefühlen verbunden, lösen vielfältige Reaktionen aus, werden immer anders verarbeitet. Wir können sie positiv oder negativ erleben, können sie auch gestalten. Abschiede, wovon auch immer, gehören zu den Alltagsthemen. Täglich verabschieden wir uns von etwas – bewusst oder unbewusst. Wenn wir einen stimmungsvollen Sonnenuntergang bewundern, nehmen wir damit Abschied vom Tag – wissen aber auch, dass nach der Nacht ein neuer Tag beginnt. Im Folgenden werfen wir einen Blick auf die unterschiedlichsten Abschiedssituationen.

### Abschied von den Kindern

Franz Werfel (1890–1945) spricht in einem Gedicht das Abschiednehmen der Kinder von den Eltern bzw. der Eltern von den Kindern an:

*Elternlied*
Kinder laufen fort.
Lang her kann's noch gar nicht sein,
kamen sie zur Tür herein,
saßen zwistiglich vereint
alle um den Tisch.

Kinder laufen fort.
Und es ist schon lange her.
Schlechtes Zeugnis kommt nicht mehr.
Stunden Ärgers, Stunden schwer:
Scharlach, Diphterie!

Kinder laufen fort.
Söhne hangen Weibern an.
Töchter haben ihren Mann.
Briefe kommen, dann und wann,
nur auf einen Sprung.

Kinder laufen fort.
Etwas nehmen sie doch mit.
Wir sind ärmer, sie sind quitt.
Und die Uhr geht Schritt für Schritt
um den leeren Tisch.

## Anregungen zum Gedicht

Besprechen Sie das Gedicht Strophe für Strophe. Kennen Sie die Situationen, die Franz Werfel hier beschreibt, und wie haben Sie sie empfunden? Gab es einen Unterschied zwischen dem Auszug des ersten und dem des letzten Kindes? Welche Ihrer Rollen, die bis dahin für Sie selbstverständlich war, hat sich geändert? Wie sind Sie mit der neuen Situation umgegangen – als Mutter, als Vater, als Eltern? Was hat den Abschied von den Kindern, aber auch von bisherigen Rollen erleichtert oder erschwert?

1. Strophe: Das Ausziehen der Kinder aus der elterlichen Wohnung
2. Strophe: Erinnerungen an die Zeit mit kleinen Kindern
3. Strophe: Die Kinder nehmen ihr Leben selbst in die Hand
4. Strophe: Was möchte ich ihnen mitgeben? Was sollen sie von mir behalten?

Ähnlich wie den Abschied von Ihrer Rolle als Eltern von nunmehr erwachsenen Kindern können Sie auch andere Abschiede reflektieren. Wovon musste ich beim Übergang vom einen zum anderen Lebensabschnitt Abschied nehmen? Welche Abschiede sind mir schwergefallen, welche nicht? Was hat mir beim Abschiednehmen geholfen? Wovon ist mir der Abschied noch nicht gelungen?

**Weitere Anregungen**

- Sammeln Sie Abschiedssituationen:
    - von Arbeitskollegen
    - von der Heimat
    - von einem Besuch
    - von einer Vision
    *Setzen Sie die Liste fort!*


- Überlegen Sie, was mit einem Abschied verbunden sein kann:
    - Erleichterung
    - Hoffnung
    - Wut
    - Hilflosigkeit
    *Setzen Sie die Liste fort!*


- Erinnern Sie sich an Abschiedsrituale:
    - Hände schütteln
    - Abschiedsbrief schreiben
    - Erinnerungsgeschenk
    - Nachschauen
    *Setzen Sie die Liste fort!*


- Überlegen Sie, was sie brauchen, um Abschied nehmen zu können:
    - Zeit
    - einen bestimmten Ort
    - eine Vertrauensperson
    - Stärke
    *Setzen Sie die Liste fort!*

- Was bleibt Ihnen nach dem Abschied:
  - eine gemeinsame Geschichte
  - Gefühl der Verbundenheit
  - Wehmut
  - eine Lücke

  *Setzen Sie die Liste fort!*

- Welche Chancen eröffnen sich nach einem Abschied:
  - neue Möglichkeiten
  - etwas abschließen können
  - sich selbst neu kennenlernen
  - Hoffnung auf Verbesserung einer Situation

  *Setzen Sie die Liste fort!*

## Abschiedsritual

### Vorbereiten

Blumentöpfe mit Erde, Notizzettel, Stifte, Zündhölzer, Blumensamen

Wir beschließen unsere Gedanken mit einem Abschiedsritual. Vielleicht haben Sie den Wunsch verspürt, sich jetzt von etwas Bestimmtem zu verabschieden und mit etwas anderem neu zu beginnen. Schreiben Sie dies auf einen Zettel und verbrennen Sie den Zettel in einem der bereitgestellten Blumentöpfe. Vermischen Sie die Asche mit Blumenerde und streuen Sie in den Topf ein paar Körner Blumensamen. Im Laufe der nächsten Tage können Sie verfolgen, wie aus etwas, von dem Sie sich verabschiedet haben, Neues entsteht.

**Segensbitte**

Herr,
nach den Gedanken
um Abschied und Trennung,
Lassen und Loslassen,
bitten wir um deinen Segen:

Segne das Vergangene,
segne das Gegenwärtige,
segne das Neue, das auf uns zukommt.

Segne unser Denken,
segne unser Reden,
segne unser Tun.

So sei bei uns mit deinem Segen,
heute und alle Tage,
der dreieinige Gott,

der Vater, der Sohn und der Heilige Geist.
Amen.

# Erntedank
## Bildbetrachtung

Gott,
wir bringen dir die Früchte unseres Tuns,
Früchte unseres Lebens:
Wir danken dir für alles, was gewachsen ist,
was blühen und reifen konnte.
Wir bringen dir auch Samenkörner,
die nicht aufgegangen,
und Knospen,
die nicht zum Blühen gekommen sind.
Manchen Ast und manchen Zweig hat der Wind arg mitgenommen.

Nimm alles an, so wie es nun einmal geworden ist.
Wir legen in deine Hände zurück,
was du uns gegeben hast.
Wir haben uns nach Kräften bemüht,
das Vertrauen, das du in uns setzt,
nicht zu enttäuschen.
Teile mit uns die Freude über das Erreichte,
füge unserem Mühen hinzu, was noch fehlt,
und lass uns dir heute und allezeit danken.

## Anregung
Suchen Sie zum Thema »Ernten« ein passendes Bild und gestalten Sie damit
eine Postkarte zum Verteilen, ein Plakat für einen Schaukasten, für die Seniorenseite im Pfarrblatt oder für die Homepage der Senioren-Einrichtung,
in der Sie tätig sind!

# IV Säen

# Der Winter
## Zeit des Säens

Ich sitze an meinem Fenster und schaue in den Garten. Es ist tief winterlich. Die besinnliche Stimmung der Advents- und Weihnachtszeit ist vorbei, die Aufbruchsstimmung des Jahresbeginns auch. Der Winter hat die Natur fest im Griff und mag und mag kein Ende finden. Doch ist jetzt die Zeit, in der die Bäume und Sträucher Kräfte sammeln, damit sie im Frühjahr neue Knospen bilden können. Ich denke an die Blumenzwiebeln, die ich im Herbst in die Erde gesteckt habe. Wie mag es den Schneeglöckchen, Krokussen, Tulpen und Narzissen gehen? Versuchen sie schon auszutreiben? Dann erinnere ich mich an die Samenkörner, die im Herbst so überreich in die Erde gefallen sind: die Kastanien, Eicheln und Ahornsamen, aber auch die von Sonnenblumen, Goldlack oder Löwenzahn. Säen und Pflanzen – ist das nicht etwas, das Freude macht, von Hoffnung spricht und davon, dass das Leben weitergeht? Welche Fülle an Möglichkeiten steckt in einem Samenkorn! Auch aus dem winzigsten kann eine einmalige Blume oder ein einmaliger Baum werden! Wie vielen Samen gelingt es, auch auf dem steinigsten Boden Fuß zu fassen! Doch vieles wächst im Stillen. Geduld und Vertrauen sind da auf eine harte Probe gestellt. Manche Samen brauchen lange, bis sie aufgehen, doch dass gar nichts aufgeht, ist noch nie vorgekommen. Säen und Pflanzen macht Freude. Dies werden alle bestätigen, die einen Garten haben oder auf Terrassen oder Balkonen Blumen oder Kräuter ziehen. Es ist ebenso spannend wie schön zu beobachten, wie aus einem kleinen Samenkorn eine Pflanze heranwächst. Säen und Pflanzen verändert aber auch. Es verändert etwas in mir, denn es vermittelt Sinn, stärkt den Selbstwert, schenkt Erfüllung. Säen und Pflanzen verändert auch meine Umgebung. Wie bereichern doch die Blumen, die an Balkongeländern blühen, ein Haus und Zimmerpflanzen eine Wohnung, und an einem liebevoll gepflegten Vorgarten geht niemand vorüber, ohne ihn zu bewundern! Beim Säen von Blumen, Gemüse oder Kräutern kommen auch ganz von selbst Gedanken an so viele Samenkörner, die ich während meines Lebens ausgestreut habe. Wer sät, glaubt an die Zukunft. Dazu fällt mir folgendes Gedicht ein:

Es wächst viel Brot in der Winternacht,
weil unter dem Schnee frisch grünet die Saat,
erst wenn im Lenze die Sonne lacht,
spürst du, was Gutes der Winter tat.

Und deucht die Welt dir öd und leer,
und sind die Tage dir rau und schwer:
Sei still und habe des Wandels Acht:
Es wächst viel Brot in der Winternacht.

Friedrich Wilhelm Weber (1813–1894)

# Das kleinste von allen Samenkörnern
Bibelarbeit zum Gleichnis vom Senfkorn

## Vorbereiten
Text des Gleichnisses
Schreibpapier und Stifte für alle
Arbeitsblätter mit den Impulsfragen für alle
»Gotteslob«

## Gebet
Herr, öffne unser Herz,
damit wir dein Wort vernehmen.
Dein Wort, o Herr, ist Wahrheit,
heilige uns durch die Wahrheit.
(vgl. Apg 16,14, Joh 14,6)

## Bibeltext
Das Gleichnis vom Senfkorn (Mk 4,30–32)

## Deutung des Gleichnisses
Alle Zuhörer*innen Jesu kannten den schwarzen Senf. Sein sprichwört-
lich kleiner Same galt in Palästina als das kleinste aller vorstellbaren
Dinge. Wegen seiner Kleinheit breitet er sich leicht auf Feldern, in Gär-
ten, an Straßenrändern und anderswohin aus. Er ist anspruchslos, geht
schnell auf und wächst bald zu einer Staude, die zwei bis drei Meter
hoch werden kann. Ein winzig kleines Samenkorn hat die Kraft, ein so
großes Gewächs hervorzubringen und noch dazu Zweige zu treiben, die
Schatten spenden und als Rastplatz für die Vögel dienen können. Ein
erstaunlicher Vorgang! Jesus vergleicht das Reich Gottes mit einer solchen Staude. Seine Zuhörer*innen haben über diesen Vergleich sicher
gestaunt. Sie hätten als Symbolpflanze für das Reich Gottes wohl eher
einen mächtigen Baum gewählt. Die Libanonzeder zum Beispiel war in

der Welt des alten Orients ein Symbol von Macht und Stärke. Sie wurde daher einem König zugeordnet. Die Königsherrschaft Gottes aber ist anders. Jesus zeichnet mit seinem Gleichnis ein Bild der Hoffnung. Mächtige Bäume werden einmal gefällt und menschliche Königreiche, so bedeutend sie auch sein mögen, sind vergänglich. Das Reich Gottes aber ist da und durch nichts umzubringen. Die vielen Senfkörner, die bewusst ausgesät oder einfach in den Boden gefallen sind, gehen auf. Auch da, wo man es nicht vermutet. So wächst auch das Reich Gottes, ohne dass es jemand aufhalten kann. Es zeigt sich dort, wo Leben entsteht, wo Gottes Geschöpfe einen Ruheplatz finden und sich geborgen wissen. Der Anfang ist unscheinbar, dann aber ist es plötzlich ein Zuhause für Viele. Wenn einmal Samenkörner ausgesät sind, gehen diese sicher irgendwo auf.

## Anregungen

- Das Gleichnis vom Senfkorn ist auch im Matthäus- und im Lukasevangelium enthalten. Vergleichen Sie die Fassungen dieser beiden Evangelien mit der des Markusevangeliums!
  Markus betont die Kleinheit des Samenkornes. Aus einem unscheinbaren Körnchen entsteht eine riesige Pflanze. Matthäus fügt das Gleichnis vom Sauerteig dazu. Er gibt dem Wachstumsgedanken damit einen weiteren Akzent: Ein kleiner Klumpen Sauerteig reicht aus, eine große Menge Mehl so zu durchsäuern, dass dieses am Ende selbst zum Sauerteig wird. Das geschieht nicht durch ein einmaliges, einschneidendes Ereignis, sondern durch unablässiges Kneten. (Mt 13,31–33)
  Lukas wiederum geht es nicht um die Winzigkeit des Samenkorns, sondern um das Wachsen. Wenn durch das Aussäen der Saat einmal ein Anfang gemacht ist, kann nichts mehr aufhalten, dass die Saat keimt und wächst. (Lk 13,18–21)

- Besprechen Sie das Gleichnis nach der 7-Schritte-Methode:

  *1. Schritt: Wir laden den Herrn ein*
  Wir machen uns bewusst, dass Gott in unserer Mitte ist, und beginnen mit einem Gebet.

  *2. Schritt: Wir lesen den Text*
  Die Bibel wird aufgeschlagen bzw. vorbereitete Textblätter ausgegeben. Der Text wird vorgelesen.

  *3. Schritt: Wir verweilen beim Text*
  Wer möchte, wiederholt den Vers, der ihn besonders anspricht. Am Ende dieses Schritts wird der Text noch einmal im Ganzen vorgelesen. Hier ist auch der Platz für notwendige Erklärungen.

  *4. Schritt: Wir schweigen*
  Wir nehmen uns einige Minuten Zeit, auf Gottes Stimme zu hören.

  *5. Schritt: Wir teilen einander mit, was uns berührt*
  Austausch – keine Diskussion!

  *6. Schritt: Wir überlegen, was Gott von uns möchte*
  Was ergibt sich für mich (uns) aus dem Bibeltext? Woran möchte ich arbeiten? Wozu ermutigt er?

  *7. Schritt: Wir beten miteinander*
  Hier ist Platz für Lob, Dank, Bitte, Fürbitte.

- Welche Textvariante spricht Sie am meisten an? Welche Erfahrungen aus Ihrem Leben verknüpfen Sie damit?
- Verwenden Sie für die Arbeit mit einer Bibelstelle unterschiedliche Übersetzungen! Welche Akzente setzen sie und wie beeinflussen diese Ihr Verständnis?

- Schreiben Sie einen Kommentar zum Gleichnis!
- Verändern Sie den Text des Gleichnisses so, wie ihn ein Schwarzseher oder eine Resignierte schreiben würde.
- Das Bibel-Teilen kann der Beginn zu einem längeren Gespräch sein. Themen dazu ergeben sich häufig aus Schritt 5.

*Beispiele:*

Nichts kann so klein sein, dass daraus nicht etwas entsteht.

In jedem Kleinen liegt etwas Großes verborgen.

Wie kann mit uns Gottes Reich wachsen und groß werden?

Gottes Reich – ein Raum für alle. Wo sehe ich meinen Platz?

Auch die kleinsten Ideen haben eine Wirkung! Beispiele aus meiner Erfahrung.

Wachstum strapaziert die Geduld.

Wachstum ist aber immer auch bedroht …

Die Welt, in die das Wort Gottes ausgesät ist, ist keine heile Welt. Wird es sich durchsetzen?

Wo konnte ich ein Senfkorn ausstreuen?

Ich muss akzeptieren, dass etwas nicht so wächst, wie ich es möchte …

Was ich gesät habe, ist ganz woanders aufgegangen.

Was soll in mir wachsen? Wohin möchte ich noch wachsen?

Was soll durch mich wachsen?

## Abschluss

Die Worte der Bibel sind wie ein Samenkorn: Den Sinn, den sie für uns haben, offenbaren sie nur, wenn sie in den Boden des Lebens gesät worden sind. Dort verwandelt sie das Leben, und die Blüte erscheint. An der Blüte erkennt man den Sinn des Samenkorns.

Carlos Mesters

# Bote der Liebe und Menschenfreundlichkeit Gottes
## Zum Nikolaustag

Der hl. Nikolaus lebte im 4. Jahrhundert. Die Überlieferungen, die wir von ihm besitzen, stellen ihn dar als einen Menschen, der wegen seiner christlich-sozialen Einstellung Bischof geworden ist und der sich für Menschen in Not tatkräftig einsetzt. Er deutet durch sein Leben auf den hin, der der eigentliche Retter der Menschen ist, auf Jesus Christus. Dies wird an den Bezügen der Nikolaus-Vita zu den Evangelien deutlich und erklärt auch die enge Verbindung des Nikolaustages mit Weihnachten. Nikolaus feiern heißt uns damit auseinandersetzen, was Nachfolge Jesu bedeutet. Hier hat auch der Geschenke-Brauch seinen Sinn. Ein kleines Geschenk am Nikolaustag verweist auf das große Geschenk, das Gott uns zu Weihnachten macht.

Aus der Nikolaus-Vita sind zwei Erzählungen besonders bekannt. Die eine ist jene von der Hilfe für drei Mädchen, die wegen eines Unglücks in der Familie keine Lebensgrundlage mehr hatten und daher Gefahr liefen, in die Prostitution zu geraten. Nikolaus hilft hier still und ohne viel Aufsehen zu erregen. Die andere ist das sogenannte Kornwunder, mit dem er eine Hungersnot abwendete.
An der Historizität des Nikolaus besteht – auch wenn sie weitgehend im Dunkel bleibt – kein Zweifel. Gerade die vielen Geschichten, die über ihn erzählt werden, zeigen, dass er ein bemerkenswerter Mensch gewesen sein muss. Je weiter weg sie aber von seiner historischen Lebenszeit sind, umso phantastischer werden sie. Mit der Aussageabsicht der Nikolaus-Vita verbindet sie dann so gut wie nichts mehr.

### Hilfe für die drei Mädchen
In seiner Nachbarschaft lebte ein Mann von vornehmer Herkunft, der bis vor Kurzem noch angesehen war. Er wurde ins äußerste Unglück gestoßen. Er hatte drei Töchter von guter Gestalt und sehr schönem

Aussehen. Er wollte sie in ein Freudenhaus geben und auf diese Weise für sich und die Seinigen den Lebensunterhalt beschaffen. Weil sie arm waren, wollte sie nämlich kein angesehener und tüchtiger Mann zur Frau nehmen. So sah der Mann keinen Ausweg. Doch der menschenfreundliche Herr, der niemals will, dass auch nur eines seiner Geschöpfe der Sünde preisgegeben werde, sandte ihm Nikolaus, der ihn zusammen mit seiner ganzen Familie aus dem Verderben befreite. Was tat er? Er blickte ihm nicht ins Gesicht und unterhielt sich nicht mit ihm über das Geschenk und die zugleich damit verbundene Linderung, vielmehr bewahrte er ihn davor, sich schämen zu müssen; und zugleich war er bemüht, seine Großzügigkeit nicht hinauszuposaunen. Einen Beutel mit genügend Geld warf er bei Nacht durch das Fenster in sein Haus und schnell eilte er heim. Als der Beschenkte das Geld bei Tagesanbruch fand, vergoss er unaufhaltsam Tränen der Freude; staunend und bestürzt sagte er Gott Dank und überlegte bei sich, von wem er wohl ein solches Geschenk bekommen habe.

## Versorgung mit Getreide

Einmal, als im Gebiet von Lykien kein Getreide mehr vorhanden war, steuerten Seeleute ihre Frachtschiffe, mit Korn beladen, von Alexandrien zum Hafen Andriake. Die Menschen von der Hafenstadt benachrichtigten den heiligen Nikolaus; und schon eilte der Heilige von Myra nach Andriake und forderte die Schiffseigner auf, nur ein wenig von jedem Schiff zu entladen, »damit wir nicht vor Hunger zugrunde gehen«. Als diese erwiderten, die Ladung sei Staatsgetreide und für die Kaiserstadt bestimmt, und sagten: »Wir können das nicht machen«, antwortete der Heilige ihnen: »Entnehmt von jedem Lastschiff nur 100 Maß der Ladung, und ich verspreche euch Straffreiheit beim Warenannehmer in Konstantinopel.« Da folgten die Schiffer bereitwillig und gaben das Getreide her; und als ihnen ein günstiger Wind wehte, erreichten sie bald Byzanz. Als sie das Getreide abwiegen ließen, fanden sie ihre Schiffsladung so, wie sie sie in Alexandrien übernommen hatten.

Darüber wunderten sie sich und erzählten den Warenannehmern das staunenswerte Wunder des heiligen Nikolaus. Und alle lobten Gott, der immer denen seine Gnade erweist, die ihn lieben. Das Getreide nahm der Heilige in Empfang, maß es aus und verteilte es an alle. Sie priesen Gott, der über allem waltet, dass es ein Jahr lang denen, die es erhielten, zum Segen gereichte. Doch bewahrten sie von diesem Korn auch noch etwas bis zur nächsten Aussaat und bestellten damit ihre Felder, und so genossen sie die Wohltaten Gottes dank der Verhandlungen seines Dieners Nikolaus.

### Anregungen

- Suchen Sie für die beiden Beispiele aus der Nikolauslegende nach den Bezügen im Evangelium! (Mt 6,2; Lk 8,22ff; Lk 9,12ff; Joh 2,1ff u. a.) Was soll über Nikolaus ausgesagt werden?

- Besorgen Sie sich die vollständige Nikolaus-Vita, machen Sie sich mit der Eigenheit einer altkirchlichen Heiligenlegende vertraut und lesen und besprechen Sie diese in der Gruppe.

- Nikolaus ist das Beispiel eines Menschen, in dem Gottes Liebe, Menschenfreundlichkeit und Barmherzigkeit Gestalt angenommen hat. Welche Beispiele dafür gibt es heute?

- Die Erzählungen schildern Nikolaus als Helfer, der nicht auf die Person schaut, sondern auf die Hilfe, die ein Mensch braucht. Was wollen wir uns von ihm sagen lassen?

- Wie wurden Nikolaustage früher begangen? Wie ist er aufgetreten? Was hat er mitgebracht? Sind so gestaltete Nikolausfeiern noch angebracht?

- Wie stehen Sie zur immer wieder aufflammenden Diskussion um Nikolausfeiern mit Kindern?

- Wie soll unsere Nikolausfeier als Seniorenrunde gestaltet sein?

- Wie wird in anderen Ländern der Nikolaustag begangen? Wie feiern evangelische und orthodoxe Christen Nikolaus?

- Nikolaus von Myra und Nikolaus von Bari – wie kommt es zu beiden Bezeichnungen für ein und denselben Heiligen?

- Nikolaus- oder Nikolaikirchen oder Kirchen mit Nikolausdarstellungen gibt es häufig in der Nähe von Flüssen, in Ortschaften, die an einem Fluss liegen, in Hafenstädten.
  Welche kennen Sie? Besuchen Sie eine dieser Kirchen und erkunden Sie, was darin an den hl. Nikolaus erinnert.

- Der hl. Nikolaus ist Patron der Kinder, der Schüler, der Gefangenen, der Bäcker, der Fährleute, der Schiffer, in Seenot. Kennen Sie dazu Geschichten, Darstellungen, Begebenheiten, die Sie erzählen wollen?

- *Spiel:* »Der Nikolaus packt in seinen Sack«. Das Spiel ist eine Abwandlung von »Ich packe meinen Koffer«. Hier werden jedoch nur Gegenstände in den Sack gepackt, die mit »Nikolaus« zusammenhängen: Nüsse, Äpfel, Bischofsgewand …

- *Nikolaus-Kim-Spiel:* In einem Korb liegen Dinge, die zu »Nikolaus« passen: Nüsse, Glocke, Tannenzweig, Mandarine, Apfel, Kerze, Lebkuchen … Der Korb ist mit einem Tuch zugedeckt. Alle sitzen im Kreis. Der/die Spielleiter*in reicht den verdeckten Korb dem/der Ersten in der Runde, dieser befühlt unter dem Tuch einen Gegenstand, beschreibt ihn und legt ihn – wenn er ihn erraten hat – auf den Tisch und gibt den Korb weiter. Wenn alle Gegenstände auf dem Tisch liegen, fordert der/die Spielleiter*in auf, diese genau zu betrachten. Während ein/e Mitspieler*in die Augen schließt, wird wieder ein Gegenstand im abgedeckten Korb versteckt. Er/sie muss nun raten, welcher Gegenstand im Korb versteckt ist. Das Spiel geht so lange, bis alle Gegenstände wieder im Korb sind.

- *Nikolaus kommt ins Haus (in die Gruppe):* Alle sitzen im Kreis. In einem Korb liegen Nikolausgeschenke: Äpfel, Nüsse, Dörrobst, Früchtebrot, Datteln, Feigen, Schokolade, Lebkuchen ... Der Korb wird herumgegeben, jeder sucht sich ein Geschenk aus und erzählt dazu etwas – möglichst im Zusammenhang mit dem Nikolaustag: eine Erinnerung, ein Gedicht, eine Anekdote ... Das Honorar für die Erzählung ist das ausgesuchte Nikolausgeschenk.

- Die beschriebenen Nikolaus-Spiele können auch jahreszeitlich abgeändert werden: Weihnachten, Fasching, Fastenzeit, Ostern, Muttertag ...

# Die Hoffnung aber lässt nicht zugrunde gehen (Röm 5,5)
## Über Erwartung und Hoffnung

### Vorbereiten

Bilder mit Szenen, die Erwartung und Hoffnung ausdrücken (Alternative: PowerPoint)
Thesenblatt »Zur Hoffnung gehört«

### Hinführung

Vermutlich haben Sie sich – wie ich mich selbst auch – schon öfters gefragt: Was kann ich erwarten? Von mir selbst, von anderen Menschen, von Gott? Habe ich überhaupt Erwartungen? Wann sind Erwartungen realistisch, wann sind sie unrealistisch, wann sind sie besonders hoch? Eng verwandt mit »Erwartung« ist »Hoffnung«. Heute wollen wir uns Gedanken machen über beides: Erwartung und Hoffnung. Was erwarten wir und worauf hoffen wir? Wir beginnen mit einer Austauschrunde. Hier sind Bilder dazu vorbereitet, wählen Sie eines (oder mehrere) aus. Dann stellen wir sie in der Runde einander vor.

### Austausch über die gewählten Bilder

Die Bilder, die mehr Erwartung ausdrücken, werden zusammengelegt, ebenso die Bilder, bei denen es mehr um Hoffnung geht. Worin liegt der Unterschied zwischen Erwartung und Hoffnung?

### Impuls und Gespräch in der Gruppe

Erwartung geht in zweierlei Richtung. Erwartungen richten wir an uns selbst oder an andere. Erwartungen werden aber auch an uns gerichtet, manchmal fühlen wir uns diesen regelrecht ausgesetzt. Einiges wurde während der Vorstellung der Bilder schon gesagt …

Wie ist es mit den Erwartungen, die wir an uns selbst richten? Haben sich diese so erfüllt, wie wir es uns vorgestellt haben? Gibt es Erwartungen, die sich erfüllt haben, aber auf eine andere Weise als gedacht? Welche haben sich nicht erfüllt? Was folgt daraus? Haben wir jetzt überhaupt noch Erwartungen?

Nehmen wir uns jetzt Zeit, in einer kleinen Gruppe darüber zu sprechen …

Schauen wir noch auf die Bilder, die Hoffnung ausdrücken. Hoffnung hat immer einen positiven Aspekt. Man hofft auf das Gelingen oder den guten Ausgang einer Sache. Denken wir nur an Sätze wie: »Es schaut gar nicht so hoffnungslos aus!«, »Wir brauchen die Hoffnung noch lange nicht aufzugeben«, »Da kann ich Ihnen schon Hoffnung machen!« Allerdings kann man auch »alle Hoffnungen begraben«.

Was ist nun Hoffnung? Ich glaube, hier muss jeder für sich eine Antwort finden. Sie hängt zusammen mit seinem Leben, mit seinem Wertesystem, mit seiner Vergangenheit, mit seinem Glauben. Gute Erfahrungen lassen hoffen, dass ich auf dem richtigen Weg bin. Eine Hoffnung, die sich nicht erfüllt hat, kann eine Illusion gewesen sein. Illusionen sind im ersten Moment faszinierend, brechen aber bald zusammen. Ob eine Hoffnung wirklich eine Hoffnung ist, zeigt sich im Alltag. Das Leben aus der Hoffnung gestalten – könnte damit gemeint sein: nichts einseitig zu sehen, sondern zu versuchen, immer auch eine zweite Seite, eine andere Möglichkeit, zu finden? Nehmen wir uns noch einmal etwas Zeit, um über unsere Erfahrungen mit Hoffnung zu sprechen …

Sprechen wir noch einmal in der Gruppe darüber!

Ich möchte nun noch dazufügen, was für mich Hoffnung ist, und Sie dann einladen, diese Gedanken zu diskutieren. Sie sind auch auf einem Thesenblatt zusammengefasst:

## Fünf Thesen zu Hoffnung

*Sich verlassen*

Sich verlassen können auf Gottes Wort, das – wie die Bibel sagt – das Fundament ist. Die Erfahrungen, die Menschen schon vor Jahrtausenden mit Gott gemacht haben, haben sich immer wieder bestätigt. Ich möchte dafür noch sensibler werden, aber auch mutiger. Dabei zähle ich auch auf Menschen, die mit mir gehen und suchen.

*Vertrauen*

Vertrauen darauf, dass unsere menschlichen Kräfte nicht so schnell zu Ende sind, wie wir es oft meinen. Aber auch darauf, dass wir das Werk der Hände Gottes sind, die uns halten und uns helfen. Ich möchte mehr darauf achten, wie dies im Alltagsleben geschieht. Gottes Phantasie ist, glaube ich, erfinderischer, als wir oft meinen!

*Kraft schöpfen*

Kraft schöpfen aus den schönen Dingen, die mich umgeben, aus dem Austausch mit anderen und aus dem Glauben an die Nähe Gottes. Er ist da, ob ich ihn spüre oder nicht. Es ist so vieles, was mir Kraft und Motivation gibt! Dazu gehört auch der Glaube, dass Gott größer ist, als wir es uns vorstellen.

*Den Glauben an das Gute*

Den Glauben an das Gute im Menschen! Es gibt immer Menschen, die auf unserer Seite stehen, denen wir Schönes verdanken, manche Anregung, manche weiterführende Kritik. Auch der Blick auf das, was ich mit meine Kräften erreicht habe, gehört dazu. Er bewahrt mich davor, mich im Negativen zu verlieren.

*Abschließen und nach vorne schauen!*

Es hat keinen Sinn, Vergangenes immer wieder aufzuwärmen, sich immer wieder dieselben Vorwürfe zu machen, auf der Stelle zu treten. Wesentlich ist für mich hier der Vers des Apostels Paulus: »Die Hoffnung lässt nicht zugrunde gehen; denn die Liebe Gottes ist ausgegossen in unsere Herzen, durch den Heiligen Geist, der uns gegeben ist.« (Röm 5,5)

**Abschluss**

*Wider Erwarten*
Manchmal geschieht es,
dass wider alles Erwarten
und besseres Wissen
uns mehr Glück und neue Kraft
ins Herz gelegt werden.

Manchmal erleben wir es so,
dass unsere Erwartungen
an andere sich nicht erfüllen
oder wir weit zurückbleiben
hinter unseren eigenen.

Manchmal gelingt es uns,
dass wir die Enttäuschung
überwinden, die Verletzung
verzeihen und Altes wirklich
hinter uns lassen können.

Manchmal geht es uns so,
dass wir den Zusagen Gottes und
dem Wunder der verwundbaren
Liebe mehr trauen als allen
bisherigen Erfahrungen.

Paul Weismantel

## Anregungen

- Die Adventszeit ist die Zeit der Hoffnung und Erwartung. Gestalten Sie mit Hilfe dieses Modells einen Nachmittag und schließen Sie diesen mit einem Adventslied ab. Über Hoffnung handeln besonders: Macht hoch die Tür (GL 218); O Herr, wenn du kommst (GL 233); Es kommt ein Schiff, geladen (GL 236).

- Symbole der Advents- und Weihnachtszeit drücken Hoffnung und Erwartung aus. Sprechen Sie unter diesem Gesichtspunkt über: Türkränze, immergrüne Zweige, Kerzenlicht, Barbarazweige, Adventskranz. Was sagen Ihnen diese Symbole und was möchten Sie damit sagen?

- Welche Hoffnungen oder Erwartungen, die an mich gerichtet werden, erfülle ich gerne? Welche kann ich nicht erfüllen? Wie kann ich das vermitteln? Geben Sie sich dazu in der Gruppe Tipps!

- Das Friedenslicht aus Betlehem, das kurz vor Weihnachten verteilt wird, ist ein Zeichen der Hoffnung. Informieren wir uns darüber am Seniorennachmittag und nehmen wir es bewusst mit nach Hause!

# Lasst uns nach Betlehem gehen ...
## Adventfeier oder Feier in der Weihnachtszeit

### Vorbereiten

Gestaltete Mitte: zunächst nur ein Tuch auf dem Boden oder ein leerer niedriger Tisch mit Tischtuch, auf das dann die Symbole und Fußspuren gelegt werden.

Fußspuren aus Papier für alle, Stifte.

Lebkuchen für alle, wenn möglich nach unterschiedlichen Rezepten selbst gebacken.

### Beginn

Gemeinsames Lied je nach Festzeit: Komm, du Heiland aller Welt (GL 227); Es kommt ein Schiff, geladen (GL 236); Zu Betlehem geboren (GL 239)

### Wir machen uns auf den Weg nach Betlehem

Wir sind alle auf dem Weg nach Betlehem. Betlehem heißt auf Deutsch: Haus des Brotes. Brot ist ein Grundnahrungsmittel. Da sagt uns der Name Betlehem schon, dass dort etwas geschieht, was für uns von grundlegender Bedeutung ist. Wir machen uns auf den Weg und bringen etwas mit: viele Erwartungen, viele Vorstellungen, viele Wünsche, unsere Gedanken.

### Gespräch in der Gruppe

Tauschen wir uns darüber in den Gruppen oder mit unseren Nachbarn aus: Was erwarte ich mir von Weihnachten? Was wünsche ich mir zu Weihnachten? Wie stelle ich mir Weihnachten vor? Was kann ich tun, damit Weihnachten ein schönes Fest wird – auch für mich alleine?

**Unser Weg nach Betlehem**

In der Zeit um Weihnachten erinnern wir uns an viele Dinge: liebgewordene, vertraute, fast vergessene. Sie begleiten uns auf unserem Weg zur Krippe, geben uns zu denken, lassen Vorsätze oder Wünsche wieder aufleben. Hier liegen einige Symbole für solche Stationen bereit.

*Fotoalbum*

Ich gehe auf dem Weg nach Betlehem mit vielen Erinnerungen. Gerade jetzt werden sie ganz stark: die Erinnerungen an den Advent meiner Kindheit, an das Weihnachtsfest der Kindertage, an Weihnachten in der schlechten Zeit, an das Weihnachtsfest als junge Familie, das erste Weihnachtsfest alleine ... (legt das Fotoalbum in die Mitte)

*Tageszeitung*

Tagtäglich erfahren wir aus den Medien so viele Dinge: Dinge, die uns Sorgen machen, die wir nicht verstehen, die uns überraschen, die uns die Sprache verschlagen, die uns freuen, die uns hilflos machen. Wir nehmen sie mit auf den Weg nach Betlehem. (legt die Zeitung in die Mitte)

*Kaffeekanne*

Ich freue mich über unsere Treffen, wenn wir mit Freunden und Bekannten zusammensitzen. So manche Wegstrecke sind wir schon gemeinsam gegangen, haben Freud und Leid miteinander geteilt. Das soll auch so bleiben. (stellt die Kaffeekanne in die Mitte)

*Gehhilfe*

Wenn ich irgendwohin gehen möchte, brauche ich dazu eine Gehhilfe. Ich bin dankbar für diese Erfindung, denn ohne sie wäre ich nicht mehr so mobil. Mit ihr aber kann ich trotz mancher Einschränkungen noch so manchen Weg gehen. (legt die Gehhilfe in die Mitte)

*»Gotteslob«*

Miteinander singen und beten gibt Halt, macht Mut und Freude und zeigt, dass es eine Kraftquelle auf unserem Weg gibt, auf die wir immer wieder setzen können. (legt das »Gotteslob« in die Mitte)

*Dachziegel*

Auf meinem Weg nach Betlehem beschäftigt mich der Gedanke an die vielen Menschen, die alles verloren und die kein Dach über dem Kopf haben. Viele haben auf der Flucht ihr Leben verloren, noch mehr sind auf Herbergssuche, andere wissen nicht, wovon sie leben sollen. (legt den Dachziegel in die Mitte)

*Brot*

Brot ist ein Grundnahrungsmittel. Wir haben davon genug. Wissen wir es aber auch zu schätzen? Grundlage zum Leben sind aber nicht nur Essen und Trinken. Mich bewegen immer wieder Fragen wie: Was ist mir wichtig zum Leben? Worauf habe ich mein Leben aufgebaut? Ich gehe nach Betlehem, weil ich mir von dort Antwort auf meine Fragen erhoffe. (legt das Brot in die Mitte)

*Kerze*

Eine Kerze ist für mich ein Zeichen der Hoffnung. Ich mache mich auf den Weg nach Betlehem mit vielen Hoffnungen, den meinen und denen, die andere Menschen bewegen. (stellt die Kerze in die Mitte und zündet sie an)

**Gespräch**

Wir haben nun einige Gedanken über den Weg nach Betlehem gehört. Warum gehen wir nach Betlehem? Was erwarten wir dort? Was möchten wir dort tun?
Danken, bitten, staunen, zur Ruhe kommen, Fürbitte einlegen, etwas loswerden, über Enttäuschungen sprechen, Vorsätze fassen …

Was erwarten wir von Jesus, der für unser Leben »Brot« ist: Grundlage, Nahrung, Stärke?

## Miteinander auf dem Weg

Wir sind nicht allein auf dem Weg nach Betlehem. Wir gehen miteinander, erfahren auf dem Weg etwas voneinander, teilen einander mit. Jeder bringt etwas mit, jeder nimmt etwas mit, jeder hat Wünsche. Ich lade ein, auf diese Fußspuren Wünsche füreinander zu schreiben. Damit soll auch gesagt sein, dass wir einander begleiten, Anteil aneinander nehmen, füreinander beten, einander helfen.

(Wer möchte, schreibt Wünsche auf die Fußspuren und legt diese in die Mitte)

Dazu singen wir den Vers:

*Liedruf:* Der Herr ist nahe allen, die ihn rufen (GL 76.1)

## Betrachtung

Es gibt keine bessere Idee in diesen Tagen als jene, sich den Worten der Hirten anzuschließen: »Kommt, wir gehen nach Betlehem.« In Betlehem wartet Jesus auf jeden Einzelnen von uns und lädt ein, ihm nachzufolgen und so auf Menschen zuzugehen, wie er es getan hat. Betlehem ist das »Haus des Brotes«, in dem jenes Brot für das Leben der Welt geboren wurde, das wir in der Eucharistie- oder Abendmahlsfeier zu unserer Stärkung empfangen, das Brot, das sich gibt zum Heil der Welt.

## Gebet

Wer möchte, ist eingeladen zu Bitte, Dank, Fürbitte, Lobpreis.

Du bist bei uns
gestern und früher
heute und morgen
jetzt und immer
wie Brot.

Du bist auf die Erde gekommen
uns den Weg zu weisen
uns Weg zu sein
und Stärkung
wie Brot.

Du bist
und du bist da
das ist uns Hoffnung
Geborgenheit und
tägliches Brot.

### Lied

Je nach Festzeit: Gott, heilger Schöpfer aller Stern (GL 230); Ich steh an deiner Krippe hier (GL 256)

### Abschluss

Jeder kann sich gerne eine Fußspur mit nach Hause nehmen. Wir singen zum Abschluss noch gemeinsam ein Lied und bleiben dann noch ein wenig zusammen und lassen uns die Lebkuchen schmecken.

Lebkuchen sind ein Zeichen für Sympathie. Mit Honig gesüßte Kuchen kannten bereits die alten Ägypter. Im Mittelalter wurden sie als Honigkuchen, Würzkuchen oder Pfefferkuchen zum klassischen Gebäck der Weihnachtszeit. Seitdem wurden sie in Herzform gebacken und als Zeichen besonderer Aufmerksamkeit verschenkt. Der Name Lebkuchen kommt vom hebräischen »lev« (Herz). Wir lassen unser Treffen mit den mitgebrachten Lebkuchen ausklingen.

# Zeit der guten Worte
## Bausteine für eine Besinnungsstunde oder für einen Gottesdienst zum Jahreswechsel

### Vorbereiten
Liedtexte

### Einleitung
Die Zeit um Weihnachten ist die Zeit der guten Worte. Wir wünschen »einen besinnlichen Advent«, »frohe Weihnachten«, »ein gutes neues Jahr«. Wir wissen auch um die Bedeutung von Worten: Sie verbinden und trösten, ermutigen oder verstören. Worte werden verstanden oder missverstanden. Mit Worten beschimpfen wir oder segnen wir einander, beten oder danken wir. Das war im alten Jahr so; im neuen wird es wieder so sein. Daher ist es gut, auf die Worte zu achten. Dazu eine Geschichte:

### Die Geschichte der Familie der guten Worte
Auf einer kleinen Insel gab es keine Menschen. Stattdessen bildeten Wörter und Sätze eine große Familie. Es waren gute Worte – Worte des Vertrauens, der Zuneigung, der Hilfsbereitschaft und des Mit- und Füreinanders. Durch Zufall erfuhren sie, dass auf anderen Teilen der Erde Streit und Hass den Alltag beherrschten, weil die Menschen dort die guten Worte vergessen hatten. Traurig darüber machte sich die ganze große Familie der guten Worte auf die Reise, um sie wieder in Erinnerung zu rufen. Auf hoher See geriet ihr Floß in einen Sturm. Gemeinschaft, Zusammenarbeit und Vertrauen versuchten ihr Bestes, und nach Tagen erreichte die erschöpfte Familie Land. Die Menschen, bei denen sie strandeten, sammelten die Stücke des Floßes als Brennholz. Dabei setzten sich die guten Worte auf ihre Schultern und immer, wenn sich die Gelegenheit ergab, flüsterten sie ihren Namen in das Ohr des Menschen. So kam es, dass sich Nachbarn am nächsten Tag einen »schönen

guten Morgen« wünschten, sich Ehepartner sagten, wie gern sie einander hätten, und dass Kinder den ganzen Tag, ohne zu streiten, miteinander spielten. Am Abend staunten die Menschen darüber, was wenige gute Worte bewirken können. Ich verrate euch einige Namen der Mitglieder der Familie der guten Worte: Ich mag dich!, Kann ich dir helfen?, Verzeih bitte!, Schön, dass es dich gibt!, Danke!, Ich vertraue dir!, Du hast mir aber eine große Freude gemacht … Nach wenigen Wochen bemerkte die Familie der guten Worte, dass sich die Menschen, zu deren Land sie das Meer gespült hatte, an die neuen Worte gewöhnt hatten und gar nicht mehr anders miteinander sprachen. Daher baute die Familie der guten Worte ein neues Floß und machte sich auf die Reise zu anderen Menschen. Vielleicht ist sie jetzt gerade auf dem Weg zu uns …?

Quelle unbekannt

- Was sagt uns im Blick auf unsere Eingangsgedanken diese Geschichte?
  *Austausch in kleineren Gruppen oder im Zweiergespräch*

**Lied**

Gib mir die richtigen Worte (Manfred Siebald / Liederbücher)

**Bibeltext**

Wir hören jetzt einen Text aus der Bibel, in dem es um gute Worte geht:

Der Herr segne dich und behüte dich. Der Herr lasse sein Angesicht über dir leuchten … (Num 6,22–27)

- Was sagt uns dieser Text?
  *Austausch, dann Zusammenfassung:*

## Gedanken zum Bibeltext

Unter den vielen Segensworten der Bibel sind diese das persönlichste Segensgebet. Wir finden sie im vierten Buch des Alten Testamens, dem Buch Numeri. Die Israeliten brechen vom Berg der Gottesoffenbarung, dem Sinai, zu einer langen Wanderung durch die Wüste auf. Ihr Ziel ist das verheißene Land. Sie mögen damals ähnliche Gedanken bewegt haben wie uns, wenn ein neues Jahr anbricht: Was wird auf uns zukommen? Wie wird es mit der Welt, mit unserem Lebensraum weitergehen? Was werden wir erreichen? Wie könnte die Zukunft aussehen? In diese Ungewissheit hinein gibt Gott den Auftrag, »seinen Namen auf die Israeliten zu legen« und das Volk zu segnen.

Jemanden segnen bedeutet ihm Gutes wünschen. Hier ist damit aber mehr gemeint, denn die Priester sollen segnen im Namen und Auftrag Gottes. Aus dem Wunsch wird daher eine Zusage, eine Feststellung: Gott – der da ist, Gott, der bei dir ist – nimmt dich in seine Obhut. Er beschützt dich, er bewahrt dich, greift dir unter die Arme, lässt dein Leben gelingen. Damit sollen Probleme oder schwere Situationen nicht schöngeredet, aber darauf hingewiesen werden, dass sie zu bewältigen sind. Oft wird das erst im Rückblick klar. Schauen Sie auf das vergangene Jahr. Gibt es ein Ereignis, von dem Sie sagen können, hier ist – obwohl es auf den ersten Blick ganz anders ausgesehen hat – Gott da gewesen? Ein Ereignis, das neue Sichtweisen oder Erkenntnisse bewirkt hat, für die ich jetzt dankbar bin?

Der zweite Vers des Segenswortes stellt Gottes Zuneigung und Fürsorge heraus. Sie gilt jedem Einzelnen von uns. Gott lässt sein Angesicht leuchten. Dort, wo er ist, ist Licht. Wenn Gott jemandem Licht schenkt, ist ihm daran gelegen, dass er nicht im Dunkeln herumirrt, sondern seinen Weg findet, dass er Fortschritte macht, weiterkommt. Er unterstützt ihn dabei, doch Gottes Licht ist kein grelles Licht. Grelles Licht würde eher blenden als leuchten. Wir würden vor Schreck die Augen verschließen, vielleicht sogar stolpern und wieder im Dunkeln sitzen. Gottes Licht ist ein Licht, das so hell ist, wie wir es gerade brauchen. Es zeigt eine Richtung an oder leuchtet so, dass wir den nächsten Schritt gehen können. Es ist auch ein beständiges Licht. Es ist ein Licht, das begleitet. Es flackert nicht und verlöscht nicht. Dieses Licht lässt Gott uns auch im neuen Jahr leuchten. Denken wir immer wieder einmal daran!

Der dritte Vers des Segensspruches spricht noch einmal von Gottes Beistand und Wohlwollen. Wenn Gott sein Angesicht zuwendet, bedeutet das Frieden. Damit ist hier das hebräische »Schalom« übersetzt, das eine viel umfassendere Bedeutung hat: Wohlergehen, Sicherheit, Gesundheit, Ruhe, innerer und äußerer Friede. Gott wendet sich uns zu. Er schaut jedem Einzelnen von uns in die Augen. Er nimmt jeden ernst. Er schenkt Frieden, sodass wir ruhig werden können, denn der Friede, den Gott schenkt, bleibt bei uns auch in Zeiten äußerer Unruhe. Er ist die Gewissheit, dass letztendlich der Macht Gottes nichts entgegenstehen kann, dass Gott alles zum Guten führt. Dieser Gedanke mag helfen, in schweren Stunden des kommenden Jahres einen klaren Kopf zu bewahren.

### Lied

Gottes Wort ist wie Licht in der Nacht (GL 450)

### Gebet

Herr, unser Gott! Wir alle haben in diesem vergangenen Jahr viele Worte gesprochen: miteinander, zueinander, übereinander, füreinander. Manchmal auch ein Wort zu wenig oder ein Wort zu viel. Was diese Worte bewirkt haben, übergeben wir jetzt dir im Vertrauen darauf, dass du daraus machst, was für uns alle gut ist. Unterstütze unser Bemühen, im neuen Jahr in unseren Gesprächen stets die richtigen Worte und den richtigen Ton zu finden. Darum bitten wir durch Christus, unseren Herrn.

## Segensgebet

Nun stellen wir uns und unsere Mitmenschen bewusst unter den Segen Gottes. Wer möchte, nennt die Namen derer, für die er im neuen Jahr den Segen erbittet …

Segen erbitten wir für alle, die uns nahestehen und mit denen wir den Alltag teilen. – A: Amen.

Segen erbitten wir, damit wir erkennen, wie Gott täglich neu für uns da ist. – A: Amen.

Segen erbitten wir, um den Mut in Situationen, in denen offensichtlich »nichts mehr zu machen« ist, nicht zu verlieren. – A: Amen.

Segen erbitten wir, damit alle Diskussionen, die sich oft um leere Worte drehen, doch noch etwas erbringen. – A: Amen.

Segen erbitten wir, damit wir mit Enttäuschungen, Entbehrungen und Grenzerfahrungen leben können. – A: Amen.

Segen erbitten wir, damit alle Erfahrungen, die wir im alten Jahr gewonnen haben, Frucht bringen. – A: Amen.

Segen erbitten wir, damit wir erkennen und schätzen, was uns an Gutem einfach zugefallen ist. – A: Amen.

Segen erbitten wir für alle, die sich alleine, einsam, unverstanden und ungeliebt fühlen. – A: Amen.

Segen erbitten wir für alle, die im neuen Jahr große Probleme auf sich zukommen sehen. – A: Amen.

Segen erbitten wir für alle, die sich vor dem neuen Jahr fürchten. – A: Amen.

Segen erbitten wir für alle, die im kommenden Jahr vor einer wichtigen Entscheidung stehen. – A: Amen.

Segen erbitten wir für alle, die mit dem neuen Jahr große Hoffnungen verbinden. – A: Amen.

*Weitere Segensbitten …*

Segen erbitten wir, um im neuen Jahr noch tiefer aus der Gnade des lebendigen und liebenden Gottes zu leben. – A: Amen.

So erfülle und leite uns im neuen Jahr der Segen des dreieinigen Gottes, des Vaters, des Sohnes und des Heiligen Geistes.

## Lied oder Gedicht

### Lied
Lobpreiset all zu dieser Zeit (GL 258)

*oder:*

### Jahres(w)ende
Ein bewegtes Jahr geht zu Ende:
mit Aufbruch und Umbruch,
mit Loslassen und Sterben,
mit schmerzlichen Abschieden,
aber auch gewagten Neuanfängen.

Ein erfülltes Jahr geht zu Ende:
mit Festen der Freude,
mit Zeiten schwerer Trauer,
begleitet von der Hoffnung und
der Kraft des Gebetes.

Ein gnadenreiches Jahr geht zu Ende:
mit Fülle und Leere,
mit Schatten und Licht,
mit Gesundheit und Krankheit,
bewältigt mit Hilfe guter Freunde.

Ein gesegnetes Jahr geht zu Ende:
ein Jahr des Herrn,
mit Wechselfällen,
mit gemischten Gefühlen,
mit offenen Fragen,
mit froher Zuversicht,
aufgehoben in Gottes ewiger Treue.

Paul Weismantel

# Wünsche für das ganze Jahr
## Neujahrswünsche mit Symbolen

### Krug mit Wasser und Brotlaib

Täglich brauchen wir Wasser und Brot. Das Brot gibt Kraft, ohne Wasser gibt es kein Leben.

Wir wünschen, dass alle Menschen haben, was sie zum Leben brauchen.

Wir wünschen auch, dass wir zu neuen Kräften kommen, wenn wir erschöpft sind, und dass es uns gelingt, anderen Mut und Kraft zuzusprechen, wenn sie es brauchen.

### Salz

Salz würzt, konserviert, gibt Geschmack und enthält viele andere notwendige Dinge.

Wir wünschen, dass die Tage des neuen Jahres kein Einheitsbrei werden, sondern dass jeder seinen eigenen Geschmack hat.

Wir wünschen, dass es gelingt, Bewährtes zu schätzen, aber uns dennoch vor dem Neuen nicht zu verschließen.

### Blumen

Blumen bringen Farbe in unsere Wohnungen und verschönern sie.

Wir wünschen viele Stunden und Begegnungen, die uns bereichern.

Wir wünschen, dass es gelingt, mehr auf die schönen Seiten des Lebens zu schauen als auf die unangenehmen und dankbar zu sein für das Gute und Schöne, das uns umgibt.

### Kerze

Kerzen verwenden wir bei feierlichen und bei alltäglichen Anlässen, bei Gottesdienst und Gebet.

Wir wünschen Wärme und Geborgenheit und ein Füreinander-da-Sein, das trägt.

Wir wünschen einander Licht und dass wir einander Licht sein können.

## Kreuz

Wir glauben an Gott, der für uns da ist, der in Jesus mit uns geht und hilft, unser Kreuz zu tragen.

Wir wünschen, dass dieser Glaube uns nicht verlässt und dass wir ihn auch anderen vermitteln können.

## Engel

Engel sind Zeichen der Fürsorge. Gott zeigt seine Fürsorge den Menschen durch Engel; Menschen können für Menschen wie Engel sein.

Wir wünschen, dass wir uns im neuen Jahr dessen immer gewiss sind.

Wir wünschen, dass sich immer Engel dann einstellen, wenn wir sie brauchen.

## Kalender

365 Tage hat das neue Jahr. Jeder davon ist ein Geschenk.

Wir wünschen, dass es gelingt, in jedem neuen Tag ein Geschenk zu sehen, das uns Freude bereiten soll.

Wir wünschen, dass es gelingt, auch ein solches Geschenk zu machen.

## Neujahrskarten

(ausreichend für alle)

Diese Neujahrskarten sind noch unbeschrieben. Sie laden ein, den bisher ausgesprochenen Wünschen noch den einen oder anderen anzufügen … Jeder nimmt eine Karte und schreibt darauf einen Wunsch. Dann lesen wir einander die Wünsche vor und legen die Karte in die Mitte zu den anderen Symbolen. Beim Nach-Hause-Gehen sucht sich jeder eine davon aus.

**Anregungen**

- Die Symbole als gestaltete Mitte legen, dann zeigen und den Wunsch aussprechen.
- Erst die Symbole zeigen, dann aus dem Teilnehmerkreis dazu Erlebnisse erzählen lassen und mit dem Wunsch abschließen.
- Die Wünsche von mehreren Personen sprechen lassen.
- Die »Samenkörner für das neue Jahr« mit Teilen des Modells »Zeit der guten Worte« kombinieren.
- Eine ähnliche Anregung: »Nichts kann uns scheiden von der Liebe Gottes. Andacht zu Jahresbeginn«, in: Hanns Sauter, Gottesdienste mit allen Generationen, Ostfildern 2018, S. 47.

# Ich bin der Herr, dein Arzt (Ex 15,26)
## Gottesdienst zum Welttag der Kranken

### Vorbereiten

Bild »Jesus/Christus als Apotheker« (Im Internet finden sich dazu verschiedene Darstellungen)
Bild, beschriftete Flaschen oder Gläser (vgl. Predigtvorschlag und Fürbitten) an einem geeigneten Platz aufstellen.

### Lied

Ich steh vor dir mit leeren Händen, Herr (GL 422)

### Einführung

(mehrere Sprecher*innen)

1. Heute, am 11. Februar, kommen wir zum Gottesdienst zusammen. Wir, Patienten und Mitarbeiter im ... (oder: Christen aus der evangelischen, katholischen und ... Gemeinde von ...), Sie alle begrüße ich herzlich im Namen des Vaters, des Sohnes und des Heiligen Geistes.

2. Zusammengeführt hat uns das Anliegen, für unsere Kranken oder bettlägerigen Mitmenschen zu beten und an ihrer Situation Anteil zu nehmen. In das Gebet schließen wir aber auch alle ein, die sich um die Kranken kümmern: Ärzte und Ärztinnen, Krankenschwestern, Pfleger und alle anderen Fachkräfte im Gesundheitsbereich. Eine lange Liste von Berufen und Tätigkeiten könnten wir hier zusammenstellen.

3. Der Welttag der Kranken führt uns zu einer doppelten Begegnung mit Gott. Im Buch Exodus bezeichnet sich Gott als der Arzt seines Volkes, der von ihm die Krankheiten nimmt. Jeder, der um Kranke Sorge trägt, handelt daher an der Stelle Gottes. Aber nicht nur das. Beim Propheten Jesaja heißt es vom Gottesknecht: »Er hat unsere

Leiden auf sich genommen und unsere Krankheiten getragen« (Jes 53,4, Mt 8,17) Wir verstehen das Lied vom Gottesknecht als Prophetie auf Jesus hin. Er selbst hat gesagt, dass er uns im Kranken begegnet. Wir rufen zu Jesus um Erbarmen.

### Kyrie-Rufe

Herr Jesus Christus,
- du hast unsere Leiden auf dich genommen: Herr, erbarme dich.
- du hast die Menschen geheilt, die zu dir gebracht wurden: Christus, erbarme dich.
- du bist der Heiland aller, die zu dir rufen: Herr, erbarme dich.

Herr Jesus Christus, deinem Erbarmen empfehlen wir uns und alle, für die wir jetzt beten. Zeige dich als unser Heiland und Erlöser, heute und alle Tage und in alle Ewigkeit.

### Gebet

Gott, unser Vater, in deinem Sohn Jesus Christus hast du unser Leben mit uns geteilt. Du kennst Krankheit, Leid und die Grenzen unseres Lebens. Sei bei allen, die diese Grenzen täglich verspüren. Hilf ihnen, damit zu leben, und sei du ihre Kraft. Darum bitten wir durch Christus, unseren Herrn.

### Lesung

Jes 52,13 – 53,4 (Leid des Gottesknechts)

### Gebet

Der Herr ist mein Arzt,
er kann mich heilen.
Er nimmt mich an.
Er gibt mir Zeit und verschafft mir einen Raum,
in dem ich zur Ruhe kommen und genesen kann.
Er lässt mich aufleben und

zeigt mir, wie ich wieder gehen kann.
Wenn mich mein Weg durch Leiden führt,
dann brauche ich nicht zu verzweifeln,
denn du bist mir Trost und Halt.
Auf dich kann ich mich verlassen!
Du holst mich
aus meiner Not und Einsamkeit.
Du begleitest mich
auf meinen Wegen.
Du bist da,
umsorgst mich bei Tag und bei Nacht.
Du bist mein Heil für Leib und Seele.
Du bist mein Gott mein Leben lang.

(nach Psalm 23)

## Evangelium

Mt 4,23–25 (Jesus heilt Kranke)

## Lobpreis nach dem Evangelium

Jesus, du siehst die Not der Menschen.
Wir loben dich, wir preisen dich.

Du trägst mit an unseren Krankheiten und Leiden.
Wir loben dich, wir preisen dich.

Du nimmst von uns, was uns belastet.
Wir loben dich, wir preisen dich.

## Predigtanregung

Die Barockzeit war sehr erfinderisch damit, Bibelworte in Bilder umzu-
setzen. So ist zum Bibelwort »Ich bin der Herr, dein Arzt« das Motiv
»Jesus, der Apotheker« oder »Jesus, der himmlische Doktor« entstan-

den. Es versucht, Jesus darzustellen, der allen, die zu ihm kommen, Hilfe und Heilung schenkt. Auf diesen Bildern ist eine Apotheke der damaligen Zeit gemalt: Im Hintergrund ist ein Apothekenschrank mit vielen großen und kleinen Fächern und Gefäßen zu sehen, davor ein Ladentisch mit kleineren und größeren Dosen und Flaschen. Sowohl am Apothekenschrank als auch am Tisch sind verschiedene Aufschriften, meist Bibelverse, zu lesen: »Die Starken bedürfen des Arztes nicht, sondern die Kranken«, »Alle, die ihr durstig seid, kommt zum Wasser« oder: »Wer Krankheit, Leid, auch Angst und Not, der komm zu mir als seinem Gott«. Hinter dem Tisch steht Jesus, in der einen Hand hält er eine Apothekerwaage, mit der anderen zeigt er auf die Dosen und Flaschen, die vor ihm auf dem Tisch stehen. Sie sind beschriftet, sodass wir lesen können, welche Medikamente und Heilmittel er uns anbietet: Hoffnung, Glaube, Liebe, Geduld, Vertrauen, Trost … Auf einem Schriftband ist zusätzlich zu lesen: »Ich bin der Herr, dein Arzt«, oder »Ich heile alle Gebrechen.« Jesus ist da und wartet. Wer Schwächen, Krankheiten, Mängel an sich spürt, ist eingeladen, zu ihm zu kommen und ihm zu sagen, wie es um ihn steht. Jesus weiß, dass es körperliches und seelisches Leiden gibt, dass körperliche und seelische Gesundheit oft zusammenhängen. In diesem Sinne sind auch die Heilmittel zu verstehen, die er anbietet. Es sind keine Medikamente, die schnell gegen Schnupfen, Fieber, hohen Blutdruck oder Zahnschmerzen wirken, es sind auch keine modernen Operationsmethoden. Für Jesus ist es selbstverständlich, dass für die Kranken alles, was möglich ist, getan wird. Er macht aber darüber hinaus darauf aufmerksam, dass Tabletten, Salben oder Infusionen zwar wichtig, aber nicht alles sind, was zur Heilung beiträgt. Dazu gehört auch eine heilsame Atmosphäre, die sich in Haltungen wie Glaube, Hoffnung, Liebe, Geduld und Vertrauen zeigt. Diese Haltungen sollen bei den Kranken, bei ihren Angehörigen und allen, die sich um diese sorgen, wachsen. Sie können – ganz individuell – dazu beitragen, gesund zu werden, manchmal in einem tieferen Sinn, zum Beispiel eine Krankheit zu akzeptieren und damit so zu leben, dass andere Mut schöpfen können. Sie können auch Angehörige oder Pflegende daran erinnern, dass sie Zeiten des Atemholens brauchen, um ihre Kräfte zu erhalten. Jetzt bleibt zu wünschen, dass es jedem von uns gelingt, den Mut aufzubringen, zu Jesus zu kommen, um mit ihm den eigenen Weg zu suchen, mit Schwäche, Krankheit und Einschränkungen umzugehen, und die Heilmittel zu verwenden, die er anbietet. Singen wir in diesem Sinne:

**Lied**
Hilf, Herr meines Lebens (GL 440)

**Fürbitten**
*Die Fürbitten greifen die Aufschriften der einzelnen Flaschen oder Gläser auf.*

Wir bitten um *Glauben:*
einen Glauben, der sich als tragender Grund unseres Lebens erweist, sodass wir Belastungen und Krisen aushalten können.

Wir bitten um *Hoffnung:*
um Hoffnung für alle, deren Hoffnung schwindet, und für alle, die anderen immer wieder beistehen.

Wir bitten um *Liebe:*
dass alle, die im Dienst der Kranken tätig sind, ihren Beruf mit Liebe und Hingabe ausüben und dass uns allen ein liebevoller Umgang mit den Kranken gelingt.

Wir bitten um *Geduld:*
um Geduld für alle, denen ihre Genesung nicht schnell genug voranschreitet, und um Geduld für jene, die die Ungeduld anderer aushalten müssen.

Wir bitten um *Vertrauen:*
um Vertrauen, dass uns Gott durch die Krankheit begleitet, aber auch darum, dass keiner von uns Vertrauen, das ihm entgegengebracht wird, leichtfertig enttäuscht.

Wir bitten für alle, die anderen immer wieder *Mut zusprechen und* sie *trösten:*
die versuchen zu trösten und aufzurichten, die durch ihr bloßes Dasein Freude und Zuversicht verbreiten.

Herr Jesus, du hast Möglichkeiten zu heilen, die weit über unsere Vorstellungen hinausgehen. Gib, dass wir *auch für diese einen Blick bekommen* und darauf vertrauen. Denn du bist unser Arzt und unser Helfer, du gehst mit uns auch durch Krankheit und Leid – heute und alle Tage, bis zum Ende der Zeiten.

## Vaterunser

Wir beten mit unserem Herrn Jesus zum Vater-Gott, der weiß, was für uns gut ist.

## Betrachtung

Menschen gehen gerne dem Kranksein aus dem Weg.
Jesus nicht.
Er geht auf die Kranken zu.

Menschen verschließen sich gerne vor unangenehmen Wahrheiten.
Jesus nicht.
Er blickt der Wahrheit ins Gesicht.

Menschen schauen gerne auf die Seite, halten sich gerne im Hintergrund.
Jesus nicht.

Er hat
unser Leid auf sich genommen,
das Leid der Leidenden,
die Schwäche der Schwachen,
die Krankheit der Kranken,
die Einsamkeit der Einsamen.

Er war dabei von allen verlassen,
hat in dieser Verlassenheit
zu Gott geschrien
und sich ihm ganz anvertraut:
In deine Hände lege ich mein Leben!

Als Auferstandener lädt er ein,
es ihm gleichzutun,
zu Gott zu rufen
und ihm zu sagen:
Du bist der Gott meines Lebens.

## Friedensgruß

Wir wünschen einander den Frieden, den Frieden, den nur Gott schenken kann, den wir aber so dringend brauchen, um heil zu sein.

## Gebet

Wir schauen auf zu dir, Jesus. Du weißt, wie es um uns Menschen steht, was wir denken und fühlen, was wir uns wünschen und was wir brauchen. Du begleitest uns, wenn der Weg für uns mühsam wird, bist auch dann da, wenn unser Glaube, unsere Hoffnung, unser Vertrauen schwindet. Wir danken dir für deine Treue – heute und alle Tage und in alle Ewigkeit.

## Segensbitte

Gott schenke sein Heil allen, die sich nach Hilfe und Heilung sehnen.

Er sei bei allen, die ihre Hoffnung auf ihn setzen.

Er stärke alle, die sich uns anvertrauen.

So segne uns und alle, für die wir beten, Gott, der für uns da ist, der Vater ...

## Einladung zum Einzelsegen

Die Handauflegung ist das Symbol für Segen, das Berührt-Werden von der Kraft Gottes. Für jeden, der möchte, besteht jetzt die Gelegenheit, sich segnen und die Kraft Gottes zusprechen zu lassen.

## Lied

Gott liebt diese Welt (GL 464)

## Anregungen

- Im Gottesdienst die Krankensalbung anbieten.
- Den Gottesdienst zum Welttag der Kranken (11. Februar) und andere Gottesdienste im Krankenhaus/Pflegeheim ökumenisch feiern.
  Das Bildmotiv »Jesus als Apotheker« mit einem Text aus dem Gottesdienst (Predigtanregung, Fürbitten oder Betrachtung) verteilen.
- In der Pfarrei regelmäßig zu einem Krankengottesdienst einladen: Kranke, Angehörige, alle, die einen Beruf im medizinischen, therapeutischen oder pflegerischen Bereich ausüben, alle, die »nur« mit oder für Kranke beten wollen.
- In den Seniorentreffen und Gottesdiensten regelmäßig eine Fürbitte für die Kranken sprechen.
- In der Seniorenrunde einen Nachmittag zum Thema »Gesundheit und Krankheit« gestalten: Erfahrungs- und Gedankenaustausch über angeschlagene Gesundheit, Kranksein, langes Leiden, Leben mit Einschränkungen. Als Abschluss ein Bild von Jesus als Apotheker verteilen und mit Hilfe der Predigtanregung erläutern.

# Was du ererbt von deinen Vätern ...
## Über Erinnerungen und Traditionen

Zu den bekanntesten Versen aus Goethes Faust zählt: »Was du ererbt von deinen Vätern hast, erwirb es, um es zu besitzen. Was man nicht nützt, ist eine schwere Last; nur was der Augenblick erschafft, das kann er nützen.«

In einem langen Monolog macht sich Faust Gedanken über das von seinem Vater ererbte »alt Geräte, das ich nicht gebraucht.« Damit meint er Gegenstände, die für ihn wertlos sind und von denen er sich nun trennen möchte. Der Vers wird – sicher auch im Sinne Goethes – oft zitiert, wenn es um Lebenserfahrungen und Lebenswissen geht, um Verhaltensweisen und Einstellungen. Im Laufe des Lebens hat sich hier vieles angehäuft. Manches ist ererbt, anderes wurde einfach übernommen, wieder anderes ist dazugekommen. Vieles liegt ungenutzt da, es wird einfach nicht benötigt, wurde aber mitgeschleppt. Faust kommt zu der Erkenntnis: »Was man nicht nützt, ist eine schwere Last«. Was man nicht braucht, nicht wirklich nützt, aber mit sich herumschleppt, wird zu einer Belastung und zu überflüssigem Ballast. Dies können einzelne Gegenstände sein oder auch ganze Erbschaften, aber auch Traditionen, Beziehungen, Überlieferungen oder Verhaltensweisen. Manches möchte man noch ändern, aber weiß nicht so recht, wie. Wohl jeder macht sich darüber Gedanken. Mit anderen darüber ins Gespräch zu kommen oder in einer Gruppe sich darüber Gedanken zu machen, ist nicht nur interessant, sondern auch entlastend. Oft zeichnen sich dadurch auch Lösungsmöglichkeiten ab.

Je nach Größe der Gruppe und der Beteiligung am Gespräch können damit mehrere Stunden, Nachmittage oder Abende gestaltet werden – und durchaus emotional verlaufen.

**Markante Persönlichkeiten**

Bitten Sie die Gruppenmitglieder, Fotos von Persönlichkeiten mitzubringen, die für ihr Leben wichtig waren.

Die Fotos werden gezeigt, die jeweilige Person vorgestellt:

- Was war das Charakteristische an ihr?
- Gibt es einen für sie typischen Satz, eine typische Geste?
- Was von ihr hat auf mich als damals jungen Menschen Eindruck hinterlassen?
- Was wollte oder konnte ich übernehmen? Was nicht?
- Sie ist für mich wichtig geworden als …
- Was möchte ich ihr heute sagen?

**Anregung**

Eine Persönlichkeit, die das Leben unserer Pfarrei geprägt hat, war … Was ist von ihr geblieben?

**Heiligtümer**

Bitten Sie die Gruppenmitglieder, ein Erinnerungsstück an einen für sie wichtigen Menschen mitzubringen und darüber zu sprechen:

- Woher stammt das Erinnerungsstück?
- Wie ist es in meinen Besitz gekommen?
- Waren oder sind daran Erwartungen oder Verpflichtungen geknüpft?
- Welche Bedeutung hat es für mich?
- Gibt es Anlässe, an denen es eine bestimmte Rolle spielt?
- Was soll einmal damit geschehen?

**Anregung**

Koch- oder Backrezepte werden oft über Generationen weitergegeben. Laden Sie sich der Reihe nach ein zu einer Kostprobe aus dem Familienkochbuch!

**Werte**

Schreiben Sie auf ein Flipchart zehn Werte auf, zum Beispiel: Treue, Ehrlichkeit, Religiosität, Vertrauenswürdigkeit, Toleranz, Zuverlässigkeit, Beständigkeit, Bescheidenheit, Selbstbewusstsein, Gemeinschaftsfähigkeit.

Bitten Sie die Gruppenmitglieder, die für sie drei wichtigsten zu markieren und erstellen Sie eine Reihenfolge. Beginnen Sie dann nach dieser Reihenfolge ein Gespräch darüber:

– Warum ist ... so wichtig?
– Welche Erfahrungen verbinde ich damit?
– Was würde fehlen, wenn es ... nicht gäbe?
– Hat die Erfahrung von ... mich eingeengt oder weitergebracht?
– Wie versuche ich selbst ... zu praktizieren?
– Wie vermittle ich anderen, dass ... wichtig im Leben ist?

**Anregung**

Erarbeiten Sie mit Ihrer Gruppe »Zehn Ratschläge zu einem erfüllten Leben« oder »Zehn Ratschläge zu einem erfüllten neuen Jahr« und veröffentlichen Sie diese in den Pfarrmedien als Neujahrsgruß der Senioren.

**Vorbilder – Leitbilder**

Fragen Sie in Ihrer Gruppe nach Leitbildern: Sportlern, Künstlern, Politikern, Heiligen ...:

– Was hat an ihnen fasziniert?
– Worin waren sie mir ein Vorbild?
– Was habe ich von ihnen übernommen, was nicht?
– Ist etwas davon bis heute geblieben?
– Gibt es Menschen, die mir lange ein Vorbild waren, mich aber irgendwann einmal enttäuscht haben ...
– Wer ist mir heute ein Vorbild?

### Anregung

Auf einem großen Bogen Papier ist der Umriss eines Menschen gezeichnet. Schneiden Sie aus Prospekten oder Illustrierten Bilder oder Texte aus, die den idealen Menschen entwerfen, und kleben Sie diese in den Umriss. Können Sie sich damit identifizieren? Versuchen Sie, auf dieselbe Weise den für Sie idealen Menschen zu gestalten. Wo sind die wesentlichen Unterschiede?

### Weitergeben

Begeben Sie sich mit den Mitgliedern Ihrer Gruppe auf eine Reise in Ihr Inneres:

- Was war mir im Leben immer wichtig?
- Konnte oder durfte ich das immer sagen?
- Was ist mir wichtig, meinen Kindern, Enkeln, Urenkeln zu vermitteln? Wie versuche ich das zu tun?
- Wie wünsche ich, dass nach meinem Tod über mich gesprochen wird?
- Was muss geschehen, dass dieser Wunsch in Erfüllung geht?
- Welches Motto möchte ich über mein Leben stellen?

### Anregung

Schlagen Sie der Gruppe vor, die Gedanken als Brief an die Nachwelt aufzuschreiben:

- als Brief der ganzen Gruppe an die jüngeren Menschen, der in geeigneten Medien veröffentlicht wird,
- oder als Brief an die Nachkommen, der den persönlichen Dokumenten beigelegt wird.

# Säen
## Bildbetrachtung

Fülle mir die Hände,
damit ich ausstreuen kann
Samenkörner der Liebe.
Sie sollen leuchten
unter den Menschen,
die um mich sind.

Fülle mir die Hände,
damit ich ausstreuen kann
Samenkörner der Hoffnung.
Sie sollen wachsen
unter den Menschen,
damit Gutes entsteht.

Fülle mir die Hände,
damit ich ausstreuen kann
Samenkörner des Glaubens.
Sie sollen reifen
in den Menschen,
damit Hoffnung und Liebe blühen.

## Anregung

Suchen Sie zu dem Text »Säen« ein passendes Bild und gestalten Sie damit eine Postkarte zum Verteilen, ein Plakat für einen Schaukasten, für die Seniorenseite im Pfarrblatt oder für die Homepage der Senioren-Einrichtung, in der Sie tätig sind!

# Anhang

Nützliches für Verantwortliche
in der Seniorenpastoral

# Buntes Alter – bunte Seniorenpastoral
## Mit wem und für wen sind wir da?

Die Seniorenpastoral ist in Bewegung. Im Blick auf den Seniorenklub haben wir darüber schon gesprochen. Hier sollen – akzentuiert auf die Rolle der Verantwortlichen der Seniorenarbeit in den Pfarreien, Pfarrverbänden oder Seelsorgeeinheiten – noch einige Gedanken und Anregungen weitergegeben sein.

### Die Position als Leiterin oder Leiter

Als Leiterin oder Leiter üben Sie eine bestimmte Rolle aus. Sie haben davon Ihre eigenen Vorstellungen, sind aber auch konfrontiert mit den Vorstellungen anderer. Vor allem wenn Ihre Vorgängerin, Ihr Vorgänger, ihre/seine Funktion lange Zeit innehatten, sollte überlegt werden, was an Veränderungen ansteht. »Leiten« bedeutet längst nicht mehr, alles allein zu tun (oder tun zu müssen), sondern zu animieren, koordinieren, delegieren, motivieren, zusammenzuhalten. Wenn Sie die Seniorenarbeit neu übernehmen, überlegen Sie zunächst einmal für sich selbst:

- Unter welchen eigenen Voraussetzungen und Bedingungen steige ich ein?
- Was erwartet »die Pfarrei« von mir?
- Was erwarte ich mir von meiner Tätigkeit?
- Gibt es ein Mitarbeiterteam, und was erwartet es von mir?
- Was erwartet die Gruppe von mir?
- Welchen Erwartungen kann ich bzw. kann ich nicht entsprechen?
- Mit wem kann ich mich besprechen, bei wem mir Rat holen?

Auch erfahrenen Leiter*innen tut es gut, hier immer wieder innezuhalten und sich mit anderen zu besprechen: mit dem vorhandenen Team, mit Kolleg*innen der Nachbarpfarreien, mit dem Pfarrgemeinderat. Suchen Sie ein Miteinander und die Kooperation mit regionalen, auch nichtkirchlichen Facheinrichtungen und pflegen Sie die Verbindung zu den Dienststellen Ihrer Diözese. Vernetzungen, Austausch und Kontakte sind unabdinglich für eine qualitätsvolle Arbeit, die dann auch über die Pfarrgrenzen hinaus gesehen und anerkannt wird. Nicht zuletzt finden Sie hier auch Mitstreiter, Ratgeber und Unterstützer, die für Sie wichtig werden, droht Ihnen einmal die Luft auszugehen.

## Ihr Team

Verantwortung zu übernehmen, Ideen zu entwickeln, Projekte durchzuführen geht nicht ohne Team – je nach Vielfalt der Seniorenarbeit in Ihrer Pfarrei (Seelsorgeraum) auch nicht ohne Unter- oder Projektteams. Überlegen Sie, welche solcher Teams Sie brauchen, um die angestrebten Ziele erfüllen zu können: Mitarbeiter*innen für Seniorenkreis, Besuchsdienste, Organisation von Exkursionen und Ausflügen, Interessensgruppen (Werken, Tanzen ab der Lebensmitte, zur ganzheitlichen Aktivierung [LIMA – Lebensqualität im Alter, SelbA – Selbständig im Alter oder andere], Bibelkreis und Glaubensgespräch ...), Kontaktpersonen zu Pflegeeinrichtungen ... Aber auch ein gutes und motiviertes Team zeigt einmal Verschleißerscheinungen. Es gibt viele gute Gründe, kürzerzutreten oder ganz aufzuhören: nachlassende Kräfte, familiäre Erfordernisse, zermürbende Reibereien, mangelnde Anerkennung, veränderte Interessen u.a.m. Ein Team zusammenzuhalten ist nicht einfach. Dass es gelingt, dazu gehören ein offenes und ehrliches Klima, Klarheit hinsichtlich der gegenseitigen Erwartungen, Möglichkeiten und Aufgaben, des möglichen Zeitaufwands. Treffen Sie klare Vereinbarungen mit Ihren Mitarbeiter*innen! Setzen Sie regelmäßige Team-Besprechungen an, sorgen Sie für Möglichkeiten zu Austausch und zu Supervision. Wer sich an- und ernstgenommen fühlt – und nicht zuletzt auch geschätzt –, wird gerne mitarbeiten. Wenn konkrete Vorstellungen über Vorhaben sowie klare Vereinbarungen und Abmachungen über Einsatz und Verantwortlichkeit bestehen, werden sich leichter Mitarbeiter*innen finden lassen! Dennoch wird es vorkommen, dass sich das eine oder andere nicht so verwirklichen lässt, wie man es gerne hätte.

## Etwas in Bewegung bringen

Wer eine Aufgabe übernimmt, möchte etwas in Bewegung bringen. Viele Jahre haben Frau X oder Herr Y sich als Leiterin oder Leiter mit viel Liebe für »unsere lieben Alten« engagiert. Nun sollen Sie deren Aufgaben übernehmen. Sicher wurden Ihnen gute Ratschläge dazu in der ganzen Bandbreite zwischen: »Es soll bleiben, wie es ist, den Leuten gefällt's so!« bis hin zu: »Es ist gut, wenn jetzt mal ein frischer Wind weht« gegeben. Beides hat etwas Richtiges. Natürlich soll es so bleiben, wie es ist! Wer zum Seniorenklub kommt, soll sich dort wohlfühlen; wer sich zu einem Ausflug anmeldet, soll auch einen schönen Tag erleben; wer sich bei jemandem aussprechen will, soll die Gelegenheit dazu finden. Sicher ist es gut, an Bisheriges anzuknüpfen und weiterzuführen, was sich bewährt hat. Manches aber hat sich ohne Zweifel überlebt. Damit es in der Seniorenpastoral Ihrer Pfarrei aber weiterhin »stimmt«, muss ab und zu auch einmal durchgelüftet werden. Auch hat jeder, der eine Leitungsfunktion (neu) übernimmt, das Recht auf eigene Vorstellungen und seinen eigenen Stil. Wird ihm dies verwehrt, wird er sich nicht wohl fühlen und bald aufgeben. Hier besteht sicher eine Spannung, die auch ihre Chancen enthält und die mit einem guten Team lebbar ist. Nicht zuletzt ist es ja Anliegen aller, dass »unsere« Seniorenpastoral Qualität und Profil hat. Damit dies gelingt, bedarf es von Zeit zu Zeit einiger grundsätzlicher Überlegungen, zunächst im Team, dann auch im ganzen Pfarrgemeinderat:

– Was hat sich im Verlauf der letzten Jahre in der Pfarrei verändert?
– Wie schaut die Bevölkerungsstruktur aus? Wie hoch ist der Anteil der Katholiken an der Pfarrbevölkerung?
– Wie wirken sich diese Veränderungen auf die Seniorenpastoral aus?
– Passen unsere Angebote unter den veränderten Umständen noch?
– Sind die Wochentage und Beginnzeiten immer noch für alle günstig?
– Gibt es bestehende Gruppen, die zwar (zu) Seniorengruppen (geworden) sind, aber die andere Interessen verfolgen als der Seniorenklub?
– Welche Aufgaben kommen neu auf uns zu?

- Wo finden wir Verbündete, mit wem können wir kooperieren?
- Was beschäftigt die Senior*innen, die pfarrlich verbunden sind?
- Wie können wir auf die anderen zugehen? Was wollen wir ihnen anbieten?

Holen Sie dazu auch Meinungen und Anregungen aus dem Pfarrgemeinderat ein, und schauen Sie sich in Nachbarpfarreien um!

## Die Gruppe

Über den Seniorenkreis und andere Seniorengruppen wurde bereits viel gesagt, dennoch sollen noch einige Gesichtspunkte angefügt werden. Gruppen entwickeln im Laufe der Zeit eigene Gesetzmäßigkeiten. Bestehen sie schon lange, sind sie ein geschlossenes Ganzes – zumindest wirken sie nach außen so. Dies hat Vor- und Nachteile. Die Vorteile bestehen darin, dass man einander gut kennt und vertraut, dass die Gruppe ein Stück Heimat geworden ist. Schöne Gewohnheiten können aber auch zu Nachteilen werden, wenn sie sich allzu sehr festgesetzt haben: Starre Abläufe und eine feste Sitzordnung werden zum Problem, die immer gleichen Themen langweilig, die fixen Aufgabenverteilungen verhindern, dass sich »Neue« interessieren oder einbringen. Selbst wenn einmal ein Wunsch nach »etwas anderem« laut wird, hält man oft doch lieber am Vertrauten und Gewohnten fest. Ist es dann verwunderlich, wenn manche/r Interessent*in glaubt, er oder sie sei nicht willkommen? Doch die Gruppe bzw. der Interessentenkreis verändert sich, weil sich Teilnehmer und Teilnehmerzahl verändern. Sprechen Sie einmal darüber und werben Sie um Mitarbeit und Verständnis auch für nur scheinbar kleine Änderungen, die zu einer besseren Atmosphäre beitragen, wie zum Beispiel einen der Gruppengröße besser entsprechenden Raum, einen Platzwechsel zwischen den Programmpunkten (z. B. während eines Referates Reihenbestuhlung, beim anschließenden Kaffee Tischgruppen). Überlegen Sie bei der Programmgestaltung, was die Gruppe beschäftigt und was davon einmal als Thema für einen Seniorennachmittag aufgegriffen werden könnte, wer aus der Pfarrei, aus dem Pfarrteam ein Thema übernehmen und welches andere Angebot ergänzend dazu sein könnte (Gottesdienst, Podiumsdiskussion, Theaterbesuch, Betriebsbesichtigung …)

### Genau hinschauen und offen sein

Immer wieder werden Sie gefragt: Wer ist ein Senior? Ab wann ist man alt? Was ist Seniorenpastoral? Mit wem haben Sie es als Seniorenverantwortliche zu tun? Kurz gesagt:

Seniorenpastoral nimmt die Menschen »ab der Lebensmitte« in den Blick – die »aktiven Senioren« und jene, die dem überkommenen Bild vom »alten Menschen« entsprechen. Sie begleitet also zwei, drei Generationen und bietet ihnen Lebenshilfe aus dem Glauben an. Dazu hat sie viele Möglichkeiten: durch Seelsorgegespräche, Besuchsdienste, durch Angebote für Gruppen, durch Einrichtung von Treffpunkten, durch Bildungsangebote, durch Gottesdienstfeiern. Diese Fülle an Möglichkeiten kann keine Pfarrei abdecken. Es ist auch gar nicht notwendig oder sinnvoll. Zielführender ist, Schwerpunkte zu setzen, sich mit benachbarten Pfarrgemeinden oder auch mit anderen Anbietern abzusprechen. Achten Sie dabei auf das, was Ihnen mit »Ihren« Senioren möglich ist! Heutige Senior*innen sind mobiler, als ihnen oft nachgesagt wird.

So ist Seniorenpastoral immer in Bewegung; wie sich die »Alten« verändern, verändern sich auch ihre Organisationsformen und ihre Inhalte. Seniorenpastoral heute nimmt die Senior*innen nicht mehr nur als Gruppe oder als Einzelpersonen in den Blick. Sie schaut auch auf deren Verhältnis und Beziehungen zu den anderen Altersgruppen und fördert bewusst generationenübergreifende Kontakte. Die Pfarrgemeinden, die sich ja als Gemeinde aller vor dem einen Herrn verstehen, sind hier gut aufgestellt. Denn gerade dort gibt es viele Orte, an denen sich die Generationen ganz selbstverständlich treffen: im Gottesdienst, im Pfarrcafé, bei Pfarrfesten, im Chor, bei liturgischen Diensten … Auch so gesehen steht innovativen Ideen nichts im Weg!

## Senioren – tragende Säulen des Pfarrlebens

Ein Blick in den Alltag einer Pfarrei zeigt, dass gerade die Seniorinnen und Senioren auf vielerlei Weise das Pfarrleben mitgestalten. Sie gehören nicht zum »alten Eisen«, sondern bereichern die Pfarrei durch die Vielfalt ihrer Interessen, Anschauungen, Meinungen und Lebensweisen,

– sie tragen durch ihre Lebens- und Glaubenserfahrung dazu bei, dass die Pfarrei ihren Weg in die Zukunft findet,
– gestalten durch ihre Mitarbeit das Gemeindeleben vielfältig und verlässlich mit,
– sind ein großer Teil der am Gottesdienst Teilnehmenden; auf ihr Gebet und ihre Anteilnahme vertrauen viele andere,
– vermitteln durch ihre Lebensweise den jüngeren Generationen eine realistische Vorstellung vom Alter und regen dadurch an, an das eigene Altern zu denken,
– sind Menschen mit Lebenserfahrung, die ihre Anliegen in Pfarrei und Öffentlichkeit vertreten möchten,
– möchten auch ihre Fragen an Kirche und Glauben stellen und diskutieren,
– brauchen keine Rücksichten zu nehmen und können daher auch heikle Themen ansprechen,
– haben solidarisch auch jene alten Menschen im Blick, die für sich selbst nicht sprechen können, weil sie z. B. pflegebedürftig sind,
– erinnern eine Gemeinde beständig daran, dass jede Lebenssituation ihren eigenen Wert und ihre eigene Würde besitzt, und fordern Sie auf, dies in ihrem Miteinander zu zeigen.

Was würde fehlen, wenn es in einer Pfarrei keine Senior*innen gäbe?

# Ich muss mal mit jemandem sprechen
## Tipps zur Gesprächsführung

Das Bedürfnis, sich mitzuteilen, Fragen zu stellen oder einen Rat zu holen, ist bei alten Menschen groß. Die Mitarbeiter*innen von Besuchsdiensten, Sozialstationen, mobilen Pflegediensten oder Seniorenklubs sind oft Vertrauenspersonen, mit denen sie auch sehr persönliche Angelegenheiten besprechen. Dazu gehört:

– Ein Klima von Vertrauen herstellen, in dem der/die Gesprächspartner*in offen sprechen kann: einen günstigen Zeitpunkt vereinbaren, einen geeigneten Ort bzw. Sitzplatz auswählen und Störfaktoren wie Handy, Fernseher, Radio, vorhersehbare Unterbrechungen ausschalten.
– »Aktiv zuhören«, das heißt ausreden lassen, Rückfragen oder Verständnisfragen stellen. Auf den Gesprächspartner eingehen, ihn ernst nehmen, auch in dem, was er durch Mimik und Gestik ausdrückt – und seine nonverbalen Äußerungen gegebenenfalls ansprechen.
– Gefühle heraushören, auch wenn der Gesprächspartner sie selbst nicht aussprechen kann oder möchte, auch wenn sie sich widersprechen.
   Vorsichtig sein mit eigenen Vermutungen, sich immer wieder vergewissern, ob er richtig verstanden wurde, den lebensgeschichtlichen Hintergrund einbeziehen.
   Ermuntern, zu korrigieren oder zu widersprechen.
   Die eigenen Gefühle mitteilen: Unsicherheit, fehlendes Wissen, Zeitgebundenheit, eigenes Nachdenken …
– Ausdrücklich Diskretion zusichern.

**Von Bedeutung ist auch:**

- Der Beginn des Gesprächs: Der erste Eindruck, Einzelheiten, die auffallen, Gefühle, die ich bei mir selbst feststelle.
- Der Verlauf des Gesprächs: Ist ein sachbezogenes Gespräch möglich? Sind die wichtigen Inhalte in Abschweifungen enthalten? Kommt das Wichtige erst am Ende? Was vereinbaren wir weiter?
- Wie gehe ich mit Fragen um? Erkenne ich die Aussage, die dahinter steht?
- Wie empfinde ich Pausen oder Schweigen, Blickkontakt oder Berührungen?
- Wie geht es mir mit Gefühlsausbrüchen (Weinen, Schreien, Gestikulieren)?
- Wie gehe ich mit meinen Grenzen um?
- Wie und wann beende ich das Gespräch?

**Gefahren lauern durch:**

- »Helfen wollen« oder versuchen, Macht auszuüben, abhängig zu machen.
- Unangebracht und ungefragt werten, urteilen, verurteilen.
- »Gute Ratschläge« erteilen und »billigen Trost« spenden.
- Den Gesprächspartner für meine eigenen Interessen missbrauchen.
- Mich zu etwas überreden lassen, was meine Kräfte oder Kompetenzen überschreitet.

**Gespräche mit Schwerhörigen**

Wer in einer Gruppe gelangweilt oder desinteressiert wirkt, ist in Wirklichkeit vielleicht schwerhörig. Schwerhörigkeit bedeutet aber nicht unbedingt, leiser oder schwächer, sondern (auch) bis zur Unkenntlichkeit verzerrt zu hören. Zudem verwirren unterschiedliche, gleichzeitige Schallquellen (Gesprächsteilnehmer, Verkehrslärm, Lautsprecher ...). Daher gilt:

- Laut und deutlich sprechen – das bedeutet aber nicht gleich anschreien!
- Sprechen Sie einen Schwerhörigen nie von hinten oder von der Seite an. Bevor Sie ein Gespräch beginnen, sprechen Sie ihn mit seinem Namen an: »Herr Meier«. Pause. Dann nochmals: »Herr Meier – darf ich heute …« und geben Sie Zeit, sich auf das Gespräch einzustellen.
- Stellen oder setzen Sie sich so, dass das Licht auf Ihr Gesicht fällt. Dadurch kann er auch Worte vom Mund ablesen.
- Schalten Sie alle Geräuschquellen aus (Radio, Fernseher usw.). In einer Entfernung zwischen ein und drei Metern versteht »Herr Meier« Sie am besten.
- Sprechen Sie deutlich und mit normaler Lautstärke, allerdings langsamer als sonst. Achten Sie besonders darauf, die Konsonanten und die Endbuchstaben deutlich auszusprechen. Wenn Sie schreien, wird Ihre Aussprache undeutlich.
- Sprechen Sie in vollständigen und grammatikalisch richtigen Sätzen. Wenn Sie nicht verstanden werden, wiederholen Sie den ganzen Satz, nicht nur einzelne Worte.
- Kommt ein Gesprächspartner dazu, der nicht schwerhörig ist, sprechen Sie mit diesem so, dass auch der Schwerhörige alles verstehen kann.
  Auf alle Fälle Zettel und Kuli bereithalten, damit Sie aufschreiben können, was nicht verstanden wird.
- Gibt es Probleme mit dem Hörgerät, helfen Sie dezent bei der Suche nach dem Fehler. Oft sind die Batterien zu schwach oder das Gerät muss gereinigt werden.
- In Kirchen und öffentlichen Gebäuden sind häufig induktive Höranlagen eingebaut. Machen Sie darauf aufmerksam. Induktives Hören ist allerdings nur möglich, wenn ein Hörgeräteakustiker eine entsprechende Einstellung aktiviert hat.

# Worauf müssen wir achten?
## Tipps für Ausflüge, Busreisen und Wallfahrten

Die hier zusammengestellten Tipps für Planung und Verlauf von Reisen, Ausflügen oder Wallfahrten sind in der Praxis erprobt.

### Mehrtägige Reisen
*Ziel der Reise – was soll die Reise fördern?*
- Gemeinsame Tage, Erlebnisse, Erfahrungen
- Sehenswürdigkeiten, Landschaften, Menschen kennenlernen
- Bekanntschaften und Freundschaften vertiefen oder neu knüpfen

*Zielgruppe – wer soll hauptsächlich angesprochen werden?*
- Alleinstehende Personen? Ehepaare?
- Ist die Reise gedacht als allgemeine Veranstaltung für Senioren
- Ist sie eher eine Veranstaltung des Seniorenklubs?

*Leitung*
- Wer übernimmt die Gesamtreiseleitung?
- Wer übernimmt bestimmte Aufgaben?

*Planung*
- Festlegung des Termins und des Zieles
- Wahl des Reiseunternehmens, Verkehrsmittel
- Wird am Ziel ein eigenes Fahrzeug benötigt oder genügen vorhandene öffentliche Verkehrsmittel und Transfermöglichkeiten?
- Festlegen der Fahrstrecke: Pausen, Rastplätze, WC–Möglichkeiten
- Ausstattung des Busses (Sitze, Fußstützen, Lüftung, WC, Kühlschrank, Getränke …)
- Wahl der Unterkunft – Ausstattung des Hauses
- Ärztliche Betreuung am Ort
- Erreichbarkeit der Kirche und Gottesdienstzeiten

- Erreichbarkeit von Post, Einkaufsmöglichkeiten, Apotheke
- Informationsmaterial – Prospekte für alle Teilnehmenden

*Umgebung*
- Vorhandene Erholungs- und Freizeiteinrichtungen (können in der Vor- und Nachsaison eingeschränkt sein!)
- Wanderwege in verschiedenen Schwierigkeitsgraden – genügend Ruhebänke
- Sehenswürdigkeiten, Ausflugsmöglichkeiten
- Öffentliche Verkehrsmittel
- Angebote des Fremdenverkehrsvereines
- Apotheke – Arzt – Krankenhaus

*Information über die geplante Reise*
- Pfarrblatt, Lokalzeitung, Heimzeitung, Plakat, Handzettel, Verlautbarungen, Homepage
- Informationsabend
- Angaben zu Verlauf und Reiseprogramm
- Informationsblatt mit den notwendigen Angaben
- Informationsmaterial verteilen bzw. auf Internetadressen hinweisen
- Anmeldung bei … und Anmeldeschluss
- Vorbesprechung für die angemeldeten Teilnehmer*innen
- Reisekosten – Zahlungsmodus
- Fragen nach individuellen Wünschen

*Programm*
- Schönwetter- und Schlechtwetterprogramm
- Alternativen z. B. für Ehepartner, Teilnehmer*innen, die schlecht zu Fuß gehen, Möglichkeiten zum Sport
- Ausgewogenheit von Besichtigung, Ruhepausen, Zeit zur freien Verfügung
- Gästeführer vor Ort

- Möglichkeiten und Angebote, die nicht im Preis enthalten sind

*Anmeldeformular mit Angaben zu*
- Persönliche Daten, Anschrift, Telefonnummer
- Kontaktadresse im Notfall
- Zimmerwunsch, Doppelzimmer mit wem?
- Hinweise auf Reisepass, Medikamente, Notfallpass, Krankenversicherung ...
- Anmeldebestätigung

*Antritt der Reise*
- Feststellen der Anwesenheit, Überprüfen der Teilnehmerliste
- Platzzuweisung: wer muss eher vorne sitzen, wer braucht einen Gangplatz?
- Begrüßung, Vorstellen des Verantwortlichen-Teams und des Busfahrers
- Erläuterungen zum Bus – Erläuterungen zur Fahrstrecke
- Reisesegen

*Ankunft am Zielort*
- Zimmerverteilung
- Erläuterungen zur Unterkunft
- Feststehende Programmpunkte
- Nachfragen, ob in den Zimmern alles in Ordnung ist
- Programm für den Rest des Tages und den folgenden Tag
- Ausblick auf die gesamte Freizeit

*Abreise*
- Hilfe beim Kofferpacken und -tragen
- Abstellplatz für Rollatoren und Rollstühle kontrollieren
- Nachsehen, ob in den Zimmern und Aufenthaltsräumen etwas liegengeblieben ist

- noch offene Rechnungen und Spesen begleichen
- Dank an den Gastgeber
- Abschiedsworte und kleines Andenken an alle Teilnehmenden

## Tagesausflüge

*Vorbereitung*
- Festlegen des Zieles – Festlegen des Termins
- Wahl des Busunternehmens – Fahrpreis – Trinkgeldregelung
- Ort und Zeitpunkt der Abfahrt und der Rückkehr
- Bei Zielen im Ausland: Reisepass und ggf. Landeswährung
- Festlegen der Fahrstrecke, Pausen mit WC-Möglichkeit

*Während der Fahrt*
- Erläuterungen zum Reiseweg
- Pausen während der Fahrt (WC-Möglichkeiten)
- Genügend Getränke bereithalten (vor allem an heißen Tagen)
- Besichtigungen anmelden und Führungen bestellen. Darauf achten, dass diese seniorengerecht sind: Dauer, Stufen, Lift, Sitzmöglichkeiten, barrierefrei
- Gasthaus: Menüvorschläge einholen, Zahl der Menüs vorbestellen, Zeitpunkt des Eintreffens und der geplanten Abfahrt bekanntgeben
- Ausgewogenheit von Besichtigung, Ruhepausen, Zeit zur freien Verfügung
- Alternativen anbieten: Besichtigung oder Spaziergang
- Vor Weiterfahrt des Busses feststellen, ob alle Teilnehmenden anwesend sind
- Einkehr zum Abschluss oder Alternative dazu
- Am Ende der Fahrt: Zusammenfassung des Tages, Dankesworte, Hinweis, nichts liegen zu lassen, zu einem Erinnerungsnachmittag (-abend) einladen
- Verabschiedung

*Nach dem Aussteigen*
- Bus auf liegengebliebene Gegenstände durchsehen

## Wallfahrt

*Ankündigung*
- Pfarrblatt – Plakat – Verkündigungen – Pfarrhomepage
- Örtliche Medien
- Handzettel
- Information und Anmeldung in der Pfarrei

*Organisation der Fahrt*
- Ziel für eine Tagesfahrt – nicht zu weit
- Anmeldung zeitgerecht bei zuständiger Pfarrei oder Kloster
- Fährt ein Priester oder ein/e Seelsorger\*in mit? – Beichtgelegenheit
- Für die Eucharistiefeier ggf. einen Priester des Wallfahrtsortes anfragen
- Anzahl der Wallfahrenden – Zahl der Sitzplätze in der Kirche
- Barrierefrei
- Zufahrtsmöglichkeiten
- Parkplätze – genügend WC
- Gasthaus
- Weitere Tagesgestaltung
- Betreuung von Rollstuhlfahrern
- Wenn mehrere Busse und große Teilnehmerzahl: Anmeldung bei Polizei wegen Zufahrt, sicherer Straßenüberquerung, Parkmöglichkeiten
- Sanitätsdienst

*Vorbereitung inhaltlich*
- Wallfahrtsanliegen (Motto)
- Gedanken zum Sinn einer Wallfahrt – Erläuterungen zum Wallfahrtsort

- Kollekte für einen bestimmten Zweck (wenn ja, bei der Anmeldung mit der Pfarrei/dem Kloster absprechen)

*Gottesdienst*
- Zeitpunkt
- Eucharistiefeier? Wort-Gottes-Feier? Abschlussandacht?
- Ort der Abschlussandacht?
- Priester/Gottesdienstleiter*in – Messformular
- Lieder: Gotteslob oder andere Liederbücher – vorhanden oder eigener Text?
- Musikalische Gestaltung
- Teile des Gottesdienstes, die besonders gestaltet werden sollen: Gabenbereitung, Fürbitten, Danksagung, Lichterprozession, Segnungen
- Genügend Zeit für privates Gebet

*Bei einer gemeinsamen Wallfahrt der Senioren(klubs) eines Dekanats (größeren Seelsorgeraumes) ist zusätzlich zu überlegen:*
- Welche Pfarreien beteiligen sich?
- Einrichten einer Planungsgruppe
- Welche Programmteile sind gemeinsam, welche nicht? (z. B. gemeinsame Eucharistiefeier, getrenntes Mittagessen und Nachmittagsprogramm, gemeinsame Abschlussandacht)
- Sind bei Konzelebration der mitfahrenden Priester Priestergewänder mitzubringen?
- Einladung, auch mit privaten Fahrzeugen teilzunehmen
- Genügend Gasthäuser in der Nähe

### Großeltern-Enkel-Wallfahrt
- Vorbereitungsgruppe
- Thema/Motto der Wallfahrt
- Gestaltung des Gottesdienstes

- Geeignete (Wallfahrts-)Kirche, Erreichbarkeit mit öffentlichen Verkehrsmitteln, genügend Parkmöglichkeit
- Möglichkeit, von einem Sammelplatz zur Kirche zu wandern
- Wallfahrtsweg gestalten (Stationen)
- Shuttledienst für den Rückweg von der Kirche zum Sammelplatz
- Umgebung der Kirche für geistliches Programm: Gottesdienst im Freien, Kreuzweg, Bildstock, Brunnen (Quelle), Kapelle, Sammelplätze ...
- Umgebung der Kirche für Anschlussprogramm: Picknick, Wiese, Spielplatz, Gasthäuser – Museum, Ausstellung, Andenkenkioske ...
- Räumlichkeiten für Schlechtwetterprogramm
- Anschlussprogramm: Darbietungen einzelner Gruppen, Spiele, Kasperltheater, Puppentheater, Mitmach-Konzert eines Liedermachers, gemeinsames Singen

## Wallfahrt oder Ausflug mit dem Fahrrad
- Erkunden eines geeigneten Radweges
- Pausenplätze bzw. Einkehrmöglichkeiten während des Weges
- Pannenhilfen, Erste-Hilfe-Ausrüstung
- Rückfahrmöglichkeiten mit der Bahn (Fahrradbeförderung)
- Begleitauto mit Fahrradträger

## Krankenwallfahrt
- Wallfahrtsort in nicht allzu weiter Entfernung
- Ausreichend Begleitpersonen
- Einfache Zufahrts- und Zugangswege, barrierefrei
- Parkmöglichkeit möglichst nahe
- Betreuung am Parkplatz – evtl. Polizei informieren
- genug Platz für Rollstühle und Rollatoren in der Kirche
- WC behindertengerecht – Sanitätsdienst
- Pünktliche Rückkehr wegen schon wartender Abholdienste

## Ausflüge mit Bewohner*innen eines Pflegeheims

*Auswahl des Ausflugsziels*

- Rollstuhltauglichkeit am Ziel selbst überprüfen (holprige Wege, Kopfsteinpflaster, Stufen, bergauf zu schieben) – sich nicht auf Internetbeschreibungen verlassen
- WC behindertengerecht
- Lokal – genug Platz um die Tische für Rollstühle, WC
- Ersatzprogramm bei Schlechtwetter

*Begleitpersonen*

- Eine Begleitperson pro Bewohner
- Zusätzlich zwei Personen, die keinen Bewohner betreuen
- Diplomkrankenpfleger und Pflegehelfer
- Wichtige Telefonnummern (Hausleitung, Kontaktpersonen, Rettung, Ziel) an alle Begleitpersonen austeilen

*Weiteres*

- Telefonnummern der Begleitpersonen speichern
- Fußstützen für alle Rollstühle – Ersatzrollstuhl
- Decken für Rollstuhlfahrer mitnehmen
- Stamm-, Diagnose- und Medikamentenblatt kopieren und in Kuvert verschlossen mitnehmen
- Vorgeschriebene Medikamente, Blutdruck- und Zuckermessgerät, Handschuhe
- Einlagen und Lätzchen
- Becher und Wasser – Kekse (ohne Schokolade), Bananen …
- Witterungsangepasste Kleidung für die Bewohner – eher wärmer!
- Telefonnummer vom Transportunternehmen
- Die Ausflügler beim Einsteigen mit dem Handy fotografieren – falls jemand abgängig ist, steht für die Suche ein aktuelles Foto zur Verfügung.

# Damit nichts vergessen wird
## Checkliste Seniorennachmittag

Seniorennachmittag am ... von ... Uhr bis ... Uhr

Thema:

*Vorarbeiten*
- Ankündigen ab ...
- durch: (Plakat, Zeitungsnotiz, Pfarrbrief, Handzettel, Homepage, mündliche Einladung, Verlautbarung ...)
- Wer kümmert sich darum?

*Raum und Raumgestaltung*
- Benötigte Räumlichkeiten – Sitzordnung – Anordnung von Tischen und Stühlen
- Raumdekoration – Tische decken – Tischschmuck – Gestaltete Mitte
- Benötigte Geräte: DVD-Projektor, CD-Player bzw. Wiedergabegerät für Tonträger, PC und Beamer, Mikrofon, Verlängerungskabel, Pinn-Wand ...
- Wer kümmert sich darum?

*Arbeitsmaterial*
- Arbeitsblätter – Texte zum Mitnehmen
- Liedtexte – Musik-CD oder anderer Tonträger
- Bastel- und anderes Material je nach Thema des Nachmittages
- Wer besorgt welches Material?

*Rollen/Funktionen*
- Moderation des Nachmittages
- Rollen und Rollenverteilung je nach Thema
- Referent*in

- Leiter*in von Tanz/Gymnastik/Musik/Gesang
- Bedienung der technischen Geräte
- Küche und Service
- Wer spricht wen an?

*Nacharbeit*
- Aufräumen
- Reflexion des Nachmittages – Dokumentation
- Wer übernimmt welche Aufgabe?

# Mal nachschauen oder weiterlesen
Verwendete und weiterführende Literatur

Aigner, Maria Elisabeth: Bibliodrama und Bibliolog als pastorale Lern-
orte, Stuttgart 2015

Arnet, Felix Maria: Gescheit scheitern, Offenbach am Main 2017

Böschemeyer, Uwe: Wie Sie beim Altern ganz sicher scheitern, Wals bei
Salzburg 2017

Fetzer, Susanne: 80plus und mittendrin. Aufbruch in eine neue Seniorenarbeit, Neukirchen-Vluyn 2017

Haberstich, Kurt/Hartmann, Gerhard: Wie Heilige unser Wetter be-
stimmen. Bauernregeln und Naturweisheiten im Jahreslauf, Kevelaer (Toposplus) 2018

Heiser, Lothar: Nikolaus von Myra. Heiliger der ungeteilten Christen-
heit, Trier 1978

Jünemann, Elisabeth/Langer, Karl: Wenn die Freiheit in die Jahre
kommt. Zehn sozialethische Impulse für den Umgang mit alten Menschen. Ein Lehr- und Lesebuch für die Praxis, Trier 2015

Moser, Dietz-Rüdiger: Fastnacht – Fasching – Karneval. Das Fest der
»verkehrten« Welt, Graz 1986

Pohl-Patalong, Uta: Bibliolog. Impulse für Gottesdienst, Gemeinde und
Schule. Band 1: Grundformen, Stuttgart ³2013

Pohl-Patalong, Uta/Aigner, Maria Elisabeth: Bibliolog. Bd. 2: Aufbau-
formen. Impulse für Gottesdienst, Gemeinde und Schule, Stuttgart
²2013

Prömper, Hans/Richter, Robert: Werkbuch neue Altersbildung. Praxis
und Theorie der Bildungsarbeit zwischen Beruf und Ruhestand, Bie-
lefeld 2015

Sauter, Hanns: Gott, der nach mir schaut. Besinnungsnachmittage für
Senioren, Regensburg 2015

Sauter, Hanns: Kreuz, auf das ich schaue. Kreuzwegandachten, Gottesdienste und Betrachtungen zur Passion Jesu, Regensburg 2017

Sauter, Hanns: Seniorenwerkbuch Bibel. Bibelarbeiten, Gottesdienste, Rituale in Gruppe und Gemeinde, Stuttgart 2017

Schumacher, Thomas: Der heilige Nikolaus – Bischof von Myra. Annäherungen aus Geschichte, Legenden und Theologie, München 2018

Seefelder, Maximilian: Christliche Bräuche und Traditionen. Mehr Freude im Leben (Topos TB 878), Kevelaer 2014

## Internet

https://www.gluecksarchiv.de/inhalt/begriff_glueck.htm

https://www.wallfahrtsservice.de/gebet-unterwegs

https://mal-alt-werden.de/bewegungsspiele-fur-senioren

http://www.manetti.com/de/2016/08/02/blattgold-in-der-japanischen-kintsugi-technik/

## Dank

Für die Tipps zu Gesprächsführung bei Schwerhörigkeit danke ich meiner Kollegin vom Referat Gehörlosenseelsorge der Abteilung Kategoriale Seelsorge der Erzdiözese Wien.

Für ihre Anteilname am Werden dieses Buches danke ich meinen Kolleg*innen im Fachbereich Seniorenpastoral der Erzdiözese Wien.

## Quellennachweis